이우걸 시조 전집

## 이우걸

호는 하산(夏山). 1946년 경남 창녕 출생으로, 세종고등학교, 경북대학교 사범대학 역사교육과(학사), 경희대학교 교육대학원(석사)을 졸업했다. 1973년 『현대시학』으로 등단(3회 추천 완료)했고, 시집으로 『지금은 누군가 와서』, 『빈 배에 앉아』, 『저녁 이미지』, 『사전을 뒤적이며』, 『맹인』, 『지상의 밤』, 『아 마산이여』, 『나를 운반해온 시간의 발자국이여』, 『주민등록증』, 『아직도 거기 있다』, 『처음에는 당신이 나의 소금인 줄 알았습니다』, 『모자』, 『이명』, 합동시집 『네사람의 얼굴』, 『네 사람의 노래』, 『사인 행』, 시조비평집으로 『현대시조의 쟁점』, 『우수의 지평』, 『젊은 시조문학 개성 읽기』, 『풍경의 해석』, 산문집으로 『질문의 품위』, 『현대시조 산책』 등이 있다. 중앙시조대상 신인상, 정운시조문학상, 경상남도문화상, 중앙시조대상, 이호우시조문학상, 경남문학상, 경남시조문학상, 한국문학상, 가람시조문학상, 김상옥시조문학상, 성파시조문학상, 백수문학상, 마산문학상, 유심작품상, 외솔시조문학상 등을 수상했다.

## 이우걸 시조 전집 (개정증보판)

초판 1쇄 발행　　　　2013년 8월 20일
개정증보판 1쇄 발행　2025년 10월 20일

지은이 | 이우걸

펴낸곳 | (주)태학사
등록 | 제406-2020-000008호
주소 | 경기도 파주시 광인사길 217
전화 | 031-955-7580
전송 | 031-955-0910
전자우편 | thspub@daum.net
홈페이지 | www.thaehaksa.com

편집 | 조윤형 여미숙 김태훈
마케팅 | 김민선
경영지원 | 김영지

ⓒ 이우걸, 2025. Printed in Korea.

값 40,000원

ISBN 979-11-6810-373-3　03810

책임편집 조윤형
북디자인 임경선

개정증보판

# 이우걸 시조 전집

태학사

## 『이우걸 시조 전집』 개정증보판을 내면서

2013년 『이우걸 시조 전집』을 낸 지 12년이 지났습니다. 그 사이 세 권의 새 시조집이 간행되었습니다. 그래서 그 시조집들과 함께 묶은 시조 전집을 새로 펴냅니다.

이번 전집에서는 그동안 교정 오류나 퇴고 부족으로 고민하던 일부 작품에 대해 수정을 하기도 했습니다. 그런 연유로 이번 전집은 기존 작품에 대한 저의 생각을 확고히 한 결정판이라 할 수 있습니다.

이 전집은 시조집 간행 순서대로 배열하였습니다. 다만, 첫 시조집 『지금은 누군가 와서』와 둘째 시조집 『빈 배에 앉아』에 섞여 있던 몇 편의 자유시는 '시조 전집'이라는 명칭에 맞게 제외하였습니다. 그리고 여덟 번째 시조집 『아직도 거기 있다』는 당시 출판사의 편집 의도에 따라 단시조집으로 묶기 위해 이전 시조집에 있던 단시조들을 모아 신작과 같이 실었는데, 그때 중복 수록되었던 작품 또한 이 전집에서 제외하였습니다.

혜량 있으시길 바랍니다.

2025년 9월
저자

## 차례

005  『이우걸 시조 전집』
     개정증보판을 내면서

## I. 지금은 누군가 와서

019  세계는 갑자기
020  물
022  편지
023  노래
024  파도
025  어두운 창을 열고
026  그래도 남는 게 있다면
027  초승달
028  우리들의 집
029  안항
030  이슬
031  지환指環
032  눈 오는 밤
033  도리원挑梨園 주변
034  바다 하나가
035  지금은 누군가 와서
036  겨울 신경통
037  그대 보내려고
038  찬 이마 마주 댑히면
039  잔나비

040   남해 맑은 물은
042   꽃
043   새벽 교회 종소리

## II. 빈 배에 앉아

047   의자
048   해 질 무렵
049   빈 배에 앉아
050   어쩌면 이것들은
051   뮤즈에게
052   면도날
053   한로寒露 부근
054   제일祭日
055   발견
056   종이배
057   수繡
058   손
060   소리
061   섬
062   자정에 이 닦기
063   불
064   잔
065   외환은행 입구
066   칼
067   책
068   낙화
069   봄비
070   겨울 정원
071   눈
072   코스모스
073   단풍물
074   가을 언덕

075   엽서
076   비

## III. 저녁 이미지

081   팽이
082   잔
083   우리 누나
084   겨울 삽화
085   방 1
086   방 2
087   방 3
088   손 2
089   비누
090   반지
091   바다
092   익명을 꿈꾸며
093   벽
094   위력 없는 서류 위에 도장을
      찍으면서도
095   숯
096   목련꽃
097   입술 1
098   입술 2
099   입술 3
100   입술 4
101   입술 5
102   입술 6
103   저녁 이미지
104   길
108   거울에게
109   주말은 비
110   우리나라

111 오늘
112 강
114 목욕물
115 하수구
116 아메리카
117 가을 기도
118 겨울 청소부
119 항구
120 찻집 '구월'
121 하현달
122 별
123 구름
124 아가雅歌
125 사랑 노래
126 편지
127 눈
128 낮달
129 습작 노트
130 아파트
132 풍경
133 기러기 율律
134 역驛

## IV. 사전을 뒤적이며

139 희망
140 나사 2
141 사전을 뒤적이며
142 모란
143 잔
144 주민등록증 1
145 유천역
146 그대를 보내며

147 옛집에 와서
148 달맞이꽃
149 편지 1
150 문
151 어머니
152 전화
153 어느 독주회
154 해 질 무렵
155 잎
156 나이테를 바라보며
157 편지
158 강
159 흙
160 아홉 시 뉴스를 보며
161 노을
162 소금
163 여름
164 해금 시인 시집을 읽으며
165 일기
166 지상의 밤
167 방황
168 시계
169 눈
170 신발
171 약속
172 지리산 1
173 지리산 2
174 지리산 3
175 거울 2
176 거울 3
177 손
178 안개
179 백지
180 별

| | | | |
|---|---|---|---|
| 181 | 식구 | 215 | 이름 |
| 182 | 겨울 항구 | 216 | 가계부 |
| 183 | 형님 | 218 | 아직도 우리 몸속엔 |
| 184 | 구름의 말 1 | 219 | 저녁 식탁 |
| 185 | 비 | 220 | 탑 |
| 186 | 청산이발소 김 씨 | 221 | 찻잔 |
| 187 | 돌 | 222 | 가족 |
| 188 | 구름의 말 2 | 223 | 전화 |
| 189 | 비망록 | 224 | 대 |
| 190 | 새벽 두 시의 시 | 225 | 시바스 리갈 |
| 191 | 나사 1 | 226 | 눈 |
| 192 | 주민등록증 2 | 227 | 퓨즈 |
| 193 | 소곡小曲 | 228 | 집안현集安縣 처녀 |
| 194 | 실상사 | 229 | 배 |
| 195 | 과일 | 230 | 피아노 |
| 196 | 무지개 | 231 | 노래 |
| 197 | 넥타이 | 232 | 매화 별사別辭 |
| 198 | 징조 | 233 | 서서 우는 비 |
| 199 | 못 | 234 | 열쇠 |
| 200 | 마산 | 235 | 삼랑진 강둑에서 |
| 201 | 연필화 앞에서 | 236 | 석간 |
| 202 | 요즘 편지 | 237 | 피 |
| 203 | 그릇 | 238 | 휴가 |
| 204 | 변기 | 239 | 통화 |
| 205 | 도서관에서 | 240 | 입원 |
| 206 | 책의 죽음 | 241 | 실업 |
| 207 | 여인숙 1 | 242 | 산인역 |
| 208 | 여인숙 2 | 244 | 사막 |
| | | 246 | 발에게 |
| | | 247 | 수저 |
| | | 248 | 벚꽃은 떨어지면서 |
| **V. 맹인** | | 249 | 방문 |
| | | 250 | 신문 |
| 213 | 맹인 | 252 | 봄 |
| 214 | 가야산 | | |

| | | | |
|---|---|---|---|
| 253 | 향리 | 289 | 가족사진 |
| 254 | 늪 | 290 | 자리 |
| 256 | 마산교도소 | 291 | 치과에서 |
| 258 | 도시 | 292 | 휴대폰 |
| 260 | 모자 | 293 | 노리 |
| 262 | 복숭아 | 294 | 장맛비 |
| 263 | 빗방울 | 295 | 폐가 |
| 264 | 밀양 | 296 | 기러기 2 |
| 265 | 봄밤 | 297 | 낙동강 |
| 266 | 무덤 | 298 | 오월, 맑음 |
| 267 | 두포리 서신 | 299 | 종점 |
| 268 | 버들리 1 | 300 | 옷 |
| 269 | 버들리 2 | 301 | 진해역 |
| 270 | 버들리 3 | 302 | 모교 |
| 271 | 기러기 1 | 303 | 촌락을 지나며 |
| | | 304 | 아, 봄 |
| | | 305 | 덕유교육원 |

## VI. 나를 운반해 온 시간의 발자국이여

| | | | |
|---|---|---|---|
| | | 306 | 유운연화문 |
| | | 307 | 열쇠 |
| | | 308 | 조화 |
| 275 | 사무실 | 309 | 시 |
| 276 | 꽃 | 310 | 손톱 |
| 277 | 부록 | 311 | 십일월 |
| 278 | 비 2 | 312 | 서우승에게 |
| 279 | 이별 노래 | 313 | 월평을 읽으며 |
| 280 | 새벽 | 314 | 봄, 부산약국 |
| 281 | 안경 | 315 | 물 |
| 282 | 링 | | |
| 283 | 흉터 | | |
| 284 | 상처 | ## VII. 주민등록증 | |
| 285 | 웃음 | | |
| 286 | 드라이브 | 319 | 시작詩作 |
| 287 | 성묘 | 320 | 관계 |
| 288 | 호수 | 321 | 낮술 |

| | | | |
|---|---|---|---|
| 322 | 감정 | 354 | 염색 |
| 323 | 카페 피렌체 | 355 | 어머니 |
| 324 | 만년필 | 356 | 눈은 내리는데 |
| 325 | 서랍 | 357 | 박재삼 문학관 |
| 326 | 우울한 캘린더 | 358 | 이메일 |
| 327 | 다리미 | 359 | 틀니 |
| 328 | 프로필 | 360 | 구두 |
| 329 | 모자점에서 | 361 | 밥 |
| 330 | 주민등록증 | 362 | 성묘 |
| 331 | 혈연 | 363 | 화엄사 |
| 332 | 동백꽃 | | |
| 333 | 삼랑진역 | | |
| 334 | 이명耳鳴 | | **VIII. 아직도 거기 있다** |
| 335 | 코스모스 | | |
| 336 | 교각 위에 피어 있는 네 송이 들꽃을 보며 | 367 | 길 |
| | | 368 | 동백 |
| 337 | 키스 | 369 | 아직도 거기 있다 |
| 338 | 부곡온천 | 370 | 토란잎 |
| 339 | 장독 | 371 | 나이테 |
| 340 | 연필 | 372 | 고모 |
| 341 | 환승역 | 373 | 산이 고맙고 |
| 342 | 틈 | 374 | 첫사랑 |
| 343 | 커피에게 | 375 | 그늘 |
| 344 | 밀양역 | 376 | 인교에서 |
| 345 | 아직도 우리 주위엔 직선이 대세다 | 377 | 부음 |
| | | 378 | 이명 2 |
| 346 | 낡은 비유지만 | 379 | 바퀴는 돌면서 |
| 347 | 브라운관의 미녀들 | 380 | 폐원에서 |
| 348 | 징 | 381 | 정거장 |
| 349 | 반도 빌딩 안내도 | 382 | 모닝커피 |
| 350 | 구두에게 | 383 | 겨울 해변 |
| 351 | 굽 | 384 | 종鐘 |
| 352 | 시계 | 385 | 대학 시절 |
| 353 | 자가용 | 386 | 계단 |

387 모자
388 눈
389 판자촌 입구
390 남천강
391 호미곶에서
392 길
393 고인돌
394 가을 위양호
395 그믐
396 꽃
397 불씨
398 낙엽들
399 명함
400 방명록

## IX. 모자

405 가을비
406 발견
407 등
408 집
410 눈과 귀
411 배
412 시집
413 튤립
414 모자
415 시조 전집을 다시 읽으며
416 국수처럼
417 껌
418 어둠을 연주하는 두 개의 에스키스
420 하늘안과
421 꺼지지 않는 불꽃

422 묵언 시집
424 사과
425 마지막 기도
426 데스마스크
427 장사익
428 길
429 물에 대하여
430 줄 이야기
431 숙제
432 십일월
433 약
434 나는 아직도
435 쓰디쓴 상처였다
436 문자 메시지
437 눈물
438 침대
439 추서追書
440 터미널 엘레지
442 단풍잎
443 우포 이야기 1
444 우포 이야기 2
445 우포 이야기 3
446 품
447 산으로 가고 있다
448 오후
449 보름달
450 위양못
451 봄비
452 낙화유수
453 고향
454 겨울 미사
455 봄날
456 못가에 앉아서
457 구름

| | | | | |
|---|---|---|---|---|
| 458 | 능소화 | | 491 | 치통 |
| 459 | 결혼 | | 492 | 바람의 노래 |
| 460 | 아침 식탁 | | 493 | 개양귀비꽃 |
| 461 | 카페 피렌체에서 | | 494 | 무게 |
| 462 | 영화관에서 | | 495 | 가을 |
| 463 | 프라하 공항 | | 496 | 카페라테 |
| 464 | 북천역 | | 497 | 거울에게 |
| 465 | 명가네 닭갈비집 | | 498 | 이명 4 |
| 466 | 휴대폰 1 | | 499 | 장모님께 |
| 467 | 휴대폰 2 | | 500 | 마스크 |
| 468 | 카카오톡 | | 501 | 인생 |
| 469 | 남강 찬가 | | 502 | 초승달 |
| 470 | 덕봉서원 | | 503 | 돌섬 |
| 471 | 서울역 엘레지 | | 504 | 나의 노트북 시대 |
| 472 | 카페 '느림' | | 505 | 귀뚜라미 바다 |
| 473 | 팔판마을 | | 506 | 물 |
| 474 | 라면 | | 507 | 자화상 |
| 475 | 불황 | | 508 | 벤치 |
| | | | 509 | 하루 |
| | | | 510 | 어느 날 아침 |
| | | | 511 | 소낙비 |
| | | | 512 | 작은 중국집 |

## X. 이명

| | | | | |
|---|---|---|---|---|
| | | | 514 | 문상問喪 |
| 479 | 봄비 3 | | 515 | 빗살무늬토기 |
| 480 | 노을 | | 516 | 겨울나무들 |
| 481 | 귀 | | 517 | 눈사람 |
| 482 | 자매들 | | 518 | 시계 |
| 483 | 열쇠 | | 519 | 커피 자판기 앞에서 |
| 484 | 라벨 | | 520 | 비 |
| 485 | 억새 | | 521 | 비밀 |
| 486 | 해변의 모텔 | | 522 | 부분에 대하여 |
| 487 | 별사別辭 | | 523 | 말 |
| 488 | 유리창 | | 524 | 국어사전 |
| 489 | 와이퍼 혹은, 와이프 | | 525 | 거미 |
| 490 | 이명 3 | | | |

| | |
|---|---|
| 526 | 디스크 |
| 527 | 안개비 |
| 528 | 흙을 위한 연가 |
| 529 | 대구, 대구 사람들 |
| 530 | 잎들 |
| 531 | 덕암산 |
| 532 | 숲으로 된 성벽 |
| 533 | 서운암 |
| 534 | 공감 |
| 535 | 사계의 노래 |
| 536 | 추억의 마산항 |
| 537 | 기억의 향기 |
| 538 | 나무 |
| 539 | 낙엽 |
| 540 | 발자국 |
| 541 | 상선병원에서 |
| | |
| 542 | 해설: 현대시조의 전범·이숭원 |
| | |
| 572 | 작품 찾아보기 |
| 580 | 이우걸 연보 |
| 589 | 이우걸 작품 연보 |

I.

지금은 누군가 와서

## 세계는 갑자기

내가 지금 그의 찻잔을 조용히 바라보면
세계는 갑자기 투쟁의 눈을 버리고
설경雪景의 나무들처럼 달빛으로 몸을 덮는다.

하나의 우주, 하나의 따스함
우리는 지금 먼 데서 한없이 날아와서
이토록 순수한 잔을 눈부시게 가꾸고 있다.

그가 지금 나의 찻잔을 조용히 바라보면
세계는 갑자기 투쟁의 눈을 버리고
설경雪景의 나무들처럼 달빛으로 몸을 덮는다.

# 물

1
동생처럼 먼저 잠이 든
아내를 바라보다가
별스런 욕심 없이도
그녀를 건너게 되고
우리는
그때 일어나
한 그릇의
물을 찾는다.

놋그릇에 담겨 있거나
더운 가슴에 고여 있거나
더 깊숙한 어디에서도 우리가 만나야 하는
해갈의 고운 영토를
기다리며 사는 것일까.

2
둔탁한 벽시계가 하루를 밟고 가고
밟고 가며 남겨 두던 검붉은 그늘은 자라

어느 역 뜨락엔 지금
가을비가 내리고 있다.

## 편지

스쳐만 가도 신열 나는

내 마음은 검정 실밥

젖은 옷자락 기워 눈먼 수를 놓으면

등피에 쌓인 일력日曆만

행 밖에서 떨다 간다.

## 노래

내 반 뼘 손끝에다
꽃씨를 쥐여 주고
그 꽃씨가 자라서
꽃이 피길 기다리는
연이는 박꽃 가시내
꽃만 보고 피는 꽃.

애 터지게 부르다가
메아리만 돌아오면
지등도 졸던 밤을
소리 없이 열고 나와
서린 원願 불 밝혀 들고
홀로 버는 꽃 이파리.

## 파도

은목서 잎사귀에도

달빛이 스며들었다

텅 빈 등의자여 잠이 든 가옥家屋이여

그대의

혈관 속으로

유황빛

말이 달린다.

## 어두운 창을 열고

내 혼이 귀소하는 열두 점 여울목엔
생각도 만경창파로 표류하는 돛배 하나
잃어서 얻은 저 목숨 노櫓를 휘어 건지고 싶다.

잠긴 문전에서 등 돌린 바람 속에서
무심히도 바라뵈던 이승의 문패 아래서
수없이 나를 결별한 내 이마를 건지고 싶다

그 어두운 창을 열고 새로 맞는 한 세상은
사멸의 눈길 안에도 연엽軟葉 같은 운韻이 돋는데
끝끝내 목을 태우는 내 언어의 지병이여.

## 그래도 남는 게 있다면

여명까지 따라오면서 집을 짓던 꿈의 허구를
찬 대야에 담아 놓고 냉랭히 바라보면
비켜선 우리 틈만큼 파도 소리가 아프다.

더러는 웃어넘겨도 끝내 숨어 앓고 사는
치열한 이 환난 결에 무지無智는 약이 되는데
아, 누가 통증의 깊이를 온몸으로 건지고 섰네.

뉘우침이 몰래 와서 문을 여는 일요일처럼
내 이제 죄스럽던 것 또 이렇게 씻어 보고
그래도 남는 게 있다면 소중히 가지고 싶다.

## 초승달

두 마 반 치마폭에도
못다 가린 멍울 하나
품에 지녀 섧어 섧어
하늘 어디 두었던가
연꽃도 눈앞에 피면
청태靑苔 끼는 일월이여.

세상사 매듭진 올
이날토록 풀쳐 봐도
그 손끝 따라 맺히는
귀에 지친 파도 소리로
때 묻은 소매 끝동에
숨어 사는 모정의 달.

## 우리들의 집

전장처럼 나부끼던 거리도 돌아가고
고단한 탈을 벗으며 모든 것이 돌아가고
스산한 겨울 시력만 팽팽히 던져진 지금.

잠긴 칠흑 울장 안에서 무슨 꽃씨 눈을 뜨는가
무명의 묘지 위에 말없이 달빛이 앉듯
집들은 이 밤에 나와 은하로 흘러가네.

## 안항

저 벽공 아픔을 깨고 날아가는 나래 뒤엔

시월 상달 서리 묻은 열두 점 밖 밤하늘의

정 하나 달처럼 두고 길이 바쁜 이별을 본다.

## 이슬

그 섬섬한 눈빛이 닿아
고이어 맺힌 하늘
헤일수록 깊어만 가는
이 미명의 풀잎 위로
옷자락 사려 밟아 온
은하 너머 꽃이 피네.

벼랑 끝 후조候鳥 깃에
아슴히 타던 노을
돌아와 칠흑에는
불빛으로 밝혔건만
지척도 되돌아 나눈
천만 갈래 하늘이여.

## 지환指環

바람 자는 꽃가지 새로 여인은 말 없어도
외길 그, 정의 둘레로 소중한 목숨을 열면
꿈 건너 만난 고향의 하늘 고인 강물이네.

실비단 옥 받침에 열두 색 수를 놓고
돌아와 닫던 창에도 달빛 되어 부르시던
그 음성 꽃씨로 재워 다독이는 뜨락이여.

홍사 치마 달빛에 익은 강강수월랜 양
한 겹은 정으로 두르고 한 겹은 연緣으로 두르면
술래는 달무리 되어 그 하늘에 곱고 싶다.

## 눈 오는 밤

받은 명 그 무게만큼 내 속살에 쌓이던 것도
바람에 꽃씨 날리듯 이 아늑한 밤 섶에 서면
모은 뜻 소복을 입히는 저 축수祝手의 피리 소리.

이승의 난간을 건너 흩어지는 그 음성이
어느 먼 뜰에 괴어 한 하늘로 잠이 들면
내 촉심燭心 둘레만 남아 밤 창은 일렁이는가.

## 도리원桃梨園 주변

면사面紗, 아련한 주렴을 걷고 나온 앞산 이마는
어느 댁 소반에 번지는 볼 붉은 첫정처럼
수지운 달무릴 열곤 외려 말이 없구나.

수피樹皮를 울며 깨우던 무서운 봄 신령도
잎새마다 퍼져 배는 연연한 목청 속에
서창書窓의 묵란墨蘭잎처럼 숨어 살고 있을까.

도리桃梨 저 이랑이 선혈되어 앓는 날은
몸 닿아 울렁이는 가슴속 가지들도
잊고 온 목숨의 가치를 요령처럼 흔든다.

## 바다 하나가

내 색상의 꿈을 열고 이 어둠을 마주하면
밤이 없던 피도 식어서 만공滿空은 적요한데
불현듯 바다 하나가 섬을 안고 떠 있다

세월이 조금 두고 간 어느 우매愚昧한 촉각 탓으로
손 뻗쳐서 가슴 뻗쳐서 닿고 싶은 갈증의 끝에
불현듯 바다 하나가 섬을 안고 떠 있다

## 지금은 누군가 와서

차단된 가슴 사이에 두 개의 잔이 놓이고
떨리지 않는 손이 친절처럼 가득해 올 때
만남을 포기한 나는 저 가면의 잔을 쳐든다.

설익은 눈빛까지도 웃음으로 부딪쳐 와서
얼마쯤 뜻을 만드는 이 무서운 응접실에서
무수히 고용당해 온 한 세대의 시간이여.

슬픔이 슬프지 않고 기쁨이 기쁠 수 없는
잃어버린 우리 향방의 차디찬 배경 속으로
지금은 누군가 와서 돌아가는 바람이 분다.

## 겨울 신경통

한 마리 두 마리 세 마리 네 마리
결 고운 창호지 별을 원고지에 옮겨 심다가
잊었던 문득 가을날 귀뚜라미 소릴 듣는다.

연鳶실처럼 꿈을 쫓으며 가꿔 온 아내의 하늘
칠순을 산같이나 말 없으신 어머님 이마
그 속을 감싸 흐르는 그러나 텅 빈 나의 목소리.

드디어 붉은 채찍이 한 남자를 열고 들어와
건조한 철제 신경의 복부를 흔드는 동안
철없는 뼈마디들도 귀뚜라미 소리로 운다.

### 그대 보내려고

그대 보내려고 강가에 나온 날은
수초도 머리 풀고 마음을 흔드는가
이런 날 내 시선 속엔 바람마저 정처 없다.

지는 꽃잎에도 남아 우는 수신樹神의 몸짓
조용히 무늬 지는 강심江心의 정수리엔
혼자서 맞을 길 없는 슬픔이 찬란하다.

가을을 쓸고 섰는 원정의 그림자처럼
광란도 머물다 드는 가혹한 적막 속을
그 뒤의 유념인 듯이 낮달 하나 떠 있다.

### 찬 이마 마주 뎁히면

우리 발목 적셔 흐르는 노을 아래 앉아서
참으로 잊고 지내던 봄 바다를 살피는 동안
복사꽃 한 가지만큼 피어나는 아내여.

그 언저리 작은 안녕을 꽃씨처럼 훔쳐보다가
격정의 파도가 번져 쓰려 오는 바다 때문에
기어코 오던 그 길을 고쳐서 돌아왔지.

진한 거역 씻어 내고 찬 이마 마주 뎁히면
흔들수록 흔들릴수록 우리는 한 점 어등魚燈
죄 없는 영혼을 만나러 하늘 아래 놓였다.

## 잔나비

강 건너 대숲 뒤엔 잔나비가 살았다

물 많던 시절에 한 메기 잡아

그 잘난 사람들 따라 잔나비는 서울로 갔다.

몇십 년 살다 보면 사람과 뭐 다르리

잔나비사 오늘도 휘파람을 불지만

묘하게 넘긴 처세가 이마를 벗겨 놓았다.

## 남해 맑은 물은

1
남해
맑은 물은
안으로
깊은 바다

지척 물 소식을
올올이 감아 두고도

약속의
반달쯤 떴다
아른
아른
잠기는 섬

2
충무항
뱃머리쯤서
서성이던 바람도

그 사람
눈빛처럼
말없이 따라와선

한없는
꽃밭이 되어
오순도순
사는 곳

## 꽃

비석 속에 졸고 있는 비문 같은 공원에서
우리는 오랜만에 핫도그를 먹으며
길 잃은 어느 도시의 안부를 묻고 있었지.

돌아온 촌마을 한 평 반 전셋집 뜨락
오늘은 허리 다친 무지개도 일어나서
당신의 손수건 같은 자목련을 흔들고 있네.

익어라 익어라 휘두르던 생활의 채찍
그 채찍 속에 갇혀 멍이 든 손끝으로도
차가운 마음의 뜰에 등을 켜고 싶은 아내여.

## 새벽 교회 종소리

새로 여는 이승 하늘에 기도 같은 음결 하나
그 파신破身의 울음이 절며 찾아 나선 세상에는
희디흰 거부의 손만 버섯처럼 눈을 뜬다.

문 열어라 문 열어라 문 열어라 문 열어라
십 리 밖 가슴속까지 병이 되어 찾아와도
철망의 우리 담장엔 살을 에는 바람이 산다.

결국은 동구 밖쯤서 물소리로 섞이고 마는
우리네 가슴에 와선 한번 물어보지도 못하는
때 없이 선량하기만 한 저 공복의 종소리.

# II.

빈 배에 앉아

## 의자

이미 예비해 둔 신의 계시처럼
식탁 위에 놓여 있는 정결한 수건처럼
노동의 하루를 위해
마련해 둔 작은 의자.

먼 길이 지워지고 채송화는 잠이 들고
회색빛 저녁 숲들이 노을 속에 묻힐 때면
묵묵히 뜰에 나와서
주인을 기다리는.

## 해 질 무렵

아침에 꽃이 피었다.

맑은 이슬이 맺히었다.

맺혀 있는 이슬 사이로 검은 바람이 지나갔다.


이윽고 꽃잎 하나의

세상이 지고 있었다.

## 빈 배에 앉아

1
빈 배에 앉아 바다를 바라보니
달빛은 탄환처럼 어둠 속에 박히는데
누군가 머언 곳에서
안타까운 손을 흔든다.

제 가진 전신으로 한 하늘을 건져 내려고
제 가진 전신으로 한 바다를 건져 내려고
등대는 떨리는 손을 허공에 걸어 놓았다.

2
외로운 사람들이 파도를 지키는 동안
바다는 많은 울음을 그 가슴에 묻었지만
시대는 표정도 없이 그들을 비껴갔다.

## 어쩌면 이것들은

가을 꽃잎 같은 아이들 찬송가 소리

정원은 일어나서 잎새의 작은 귀로

교회당 흰 벽에 쌓이는 노래를 듣고 있다.

섬길 이 없이도 고운 한나절 그 봄날을

하늘엔 마음처럼 둥둥 구름이 가고

햇볕은 가지에 닿아 천사의 얼굴을 한다.

어쩌면 이것들은 어젯밤 꿈이었을까

바람이 무심히 와서 나뭇잎을 흔들 때에도

이 강산 **뼈**에 사무친 칼 소리가 걸어 나온다.

## 뮤즈에게

오늘 밤 그대를 섬기기 위하여
나는 시방 몇 자루의 촛불을 예비하오니
덧없는 그림자에도
한 가슴 묻어나길.

언덕에서 바라보면 저녁노을 같은 이름
거리에서 생각하면 휴지 조각 같은 이름
지난날 내 창변에선
별빛으로 쌓이던 이름.

그 이름 마디마다
고여 오는 음성을
나는 아직 목말라 기다리고 있나니
빈 거울 바라다보며
흰 백지로 우나니.

## 면도날

지금 내 얼굴 위를 면도날이 기어다닌다
비밀스런 침을 가진 한 마리 벌레처럼
닫혀진 얼굴 위에서 부르르 몸을 떨면서.

면도날은 아는 것일까
지워진 나의 얼굴을
면도날은 아는 것일까
잠이 든 나의 말들을
그러한 슬픈 가정假定이 빈 가슴에 못을 박는다.

그러나 면도날이 꼭 그런 것 같지는 않다
이따금 위태롭던 그의 날도 감추면서
피로한 나의 이마를 짚어 주며 웃기도 한다.

## 한로寒露 부근

가을이다. 모두는 일진一陣의 바람이다

지구의 한편에선 검붉은 낙엽이 지고

달빛은 벽에 기대어 차가운 손을 비빈다.

만나기 위하여 남기기 위하여

그 무엇도 아니었던 마지막 하늘 아래

뼈 아픈 매를 맞으며

나목들은 거리에 섰다.

## 제일祭日

오늘 밤 그분은 두자미杜子美를 만나서
흰 배를 저으며 부곡리로 돌아오고
빈 산에 매어 두었던
달빛을 풀어놓았다.

달빛은 오랜만에 피리 소릴 내더니
그분이 아끼시던 살결 같은 한지 위에
눈 익은 초서가 되어
뿌리를 내리고 있다.

이 밤 그대 지켜 선
하염없는 촛불이여
돌아온 흰 배는
다시 흰 배로 돌아가고
남겨 둔 묘비명 위엔 어둠이 묻어 있다.

## 발견

1
오랫동안 잊고 지내던 거울을 꺼내어서
내 습관의 언어들을 비춰 보고 있노라면
어쩐지 사투리들만 살아 있다는 느낌이 든다.
편애하던 낱말까지 자세히 들여다보면
떡갈나무 잎사귀처럼 바람에 일렁이다가
불길에 몸을 뺏기는 낙엽 같은 느낌이 든다.

나는 이것을 배반이라 부른다 나는 이것을 내란이라 부른다 그러나 나는 이것을 구원이라 부르고 싶다.

2
서리 묻은 국화꽃 몇 송이를 사 와서
비어 있는 원고지에 정성껏 문지르며
한밤 내 생각해 본다, 저 말들의 뿌리를.

## 종이배

심심한 날 남이와 손잡고 나와
빈 하늘 부자父子 기러기같이 날아 보듯이
냇가에 쪼그려 앉아 종이배를 띄워 본다.

따뜻한 날개를 가진 종이배는 꿈의 나라
고운 살결 깎여 버린 어두운 물 위에서도
남이는 정성을 다해 종이배를 띄워 보낸다.

아득히 먼 곳을 향해-
그리운 먼 곳을 향해-
내 눈빛이 부서져서 맴돌고 있을 때에도
남이는 물을 넘어선 먼 곳의 학을 본다.

# 수繡

움츠려서 피할 수 있는 화살이 아니라고
햇볕이 아침 창문을 두드리며 말할 때쯤
우리는 이미 견고한 철 의자에 앉아 있다.

언제나 표정이 없는 오피스의 유리벽들
차가운 탁자 위엔 병든 꽃이 피어 있고
흰 손은 살모사처럼 서류 위를 건너가는 곳

그런 지난 겨울날 이 계단을 내려오면서
당신은 얘기했지, 힘찬 목소리로
'우리가 산다는 것은 수繡를 놓는 일'이라고

# 손

1
그는 시방 손이 없다
슬픈 얼굴이다
이따금 그의 소매가
빈 하늘에 닿을 때마다
그곳엔 지울 수 없는
얼룩이 남곤 한다.

그에게도 손이 있었다
겸손하고 아름다운
때때로 그의 손이
내 어깨를 두드릴 때면
숭늉빛 고운 인연이
은은히 배어 오던.

2
지금 탁자 곁에
나는 그와 앉아 있다
그는 종이꽃처럼

냉랭히 웃고 있지만
내게도 그를 위해서
준비해 둔 손이 없다.

## 소리

따스한 해가 일어나 나팔꽃을 깨우는 시간
소리는 몇 행의 의미를 거느리고
도회의 아이들처럼 거리로 뛰쳐나왔다.

소리는 직선이었다
불굴의 화살이었다
그가 가진 의미가 부딪쳐서 찢기기까지
소리는 어느 생명의 소중한 음성이었다.

따스한 해가 지고 나팔꽃이 잠드는 시간
소리는 그가 가진 의미를 잃어버린 채
우리의 발자국처럼
밤하늘에 멀어져 간다.

# 섬

너는 위안이다 말 없는 약속이다

짓밟혀서 돌아오는 어두운 사내를 위해


누군가 몰래 두고 간

테라스의 불빛 하나.

## 자정에 이 닦기

이사를 할 때마다 마음을 고쳐먹어도
이를 닦는 습관은 버리질 못한다
자정에 이 닦는 습관은 버리질 못한다.

상대편을 해치고 비게 덩일 무찌르는
내 수성獸性의 입안을 깨끗이 씻기 위해
밤마다 나는 이빨을 닦아야 하는 걸까.

집들은 조용히 빈사瀕死의 꿈에 젖고
초조한 담장 위에선 철침들이 눈을 뜨는
밤마다 그런 밤마다 이빨을 닦아야 하는 걸까.

한밤에 일어나 거울을 바라보면
나는 우매하고 순직順直한 짐승 같은데
복면의 어떤 칼날이
내 모발을 스쳐 간다.

# 불

어머니의 손길 같은 것
내 누이의 눈빛 같은 것
봄 능선을 물들이는
자줏빛 울음 같은 것
때로는 어느 전쟁이
쓰다 버린 탄피 같은 것.

그러나 불이여 네가 다시 일어나고
일어나고 일어나서 걸어가는 한 생애를
어둠은 온몸을 던져 묵묵히 비추고 있다.

# 잔

그저 약속도 없이
잔은 만나려 한다
만나서 가꿀 수 있는 한 평의 뜰이 없어서
쓸쓸히 돌아서게 될
무형의 바람과도.

어쩌면 잃어버린 손에 대한 향수 때문에
잔을 만나려 한다 만나서 불타려 한다
그리곤 더욱 안으로
싸늘히 식으려 한다.

## 외환은행 입구

오피스는 말이 없었다 깃발만 흔들었다

흔들리는 깃발 사이로 차고 흰 손이 보일 뿐

누구의 깊은 의중도

적발되지 않았다.

# 칼

아름다운 것과도 만나게 하기 위해서

아름답지 않은 것과도 만나게 하기 위해서

아내는 내 주머니에 몰래 칼을 넣어 둔다.

모퉁이를 돌아서면 네 갈래 길이 있고

그때마다 계절은 소녀처럼 아름다워서

햇볕과 나는 나란히 신호등 곁에 서 있다.

냉엄한 결단이 탐욕의 불길이

이 도시의 철도 위를 뱀처럼 흐르는 동안

햇볕과 나는 나란히 신호등 곁에 서 있다.

# 책

권력을 믿지 않는 나의 편견 때문에
그는 관冒을 가졌으나 슬픈 모습이었고
허리에 꽂힌 장검도 녹슨 제도 같았다.

시퍼런 문장의 고통스런 얼굴을
흰 백지에 찍어 놓고 떠나 버린 걸인이
오늘은 바랜 갱지에
거인처럼 나와 앉았다.

## 낙화

잠든 소녀 머리맡을 라디오가 지켜 선 오후

분홍빛 얼굴을 한 음악이 기웃거리다 흰 벽에 쏟아지는 뉴스와 부딪치고 부딪쳐서 피 흘리고 피 흘리며 사라지고 사라지는 얼굴을 밟고 누군가가 일어서고

그녀의 봄꿈 속에도 복사꽃이 지고 있을까?

## 봄비

그것은 신의 나라로
열려 있는 음악 같은 것

불타는 들을 건너서 얼음의 산을 넘어서

돌아와
가슴에 닿는
깊은 올의 현악기.

텅 빈 벤치에서도 시멘트 벽 속에서도

수없이 잊어야 했던
가난한 이름들을

이 밤에 모두 부르며
봄비는 길을 떠난다.

## 겨울 정원

어제는 가난한 손님이 찾아와서
사철나무 아래로 반갑게 맞아들이고
어딘가 있을 듯도 한 불씨를 모아 보았다.

가쁜 숨결 꺾어 때리는 비정한 채찍에도
이 마을 초목들은 허영을 벗어 버린 채
참으로 정정당당히 세상을 바라본다.

신神은 언제나 소박한 믿음 같은 것
정원은 비로소 그들의 별을 꺼내어
조용히 저물어 가는 하늘 위에 옮겨 심는다.

# 눈

내 주소로 배달되는 익명의 연문戀文처럼
눈은 내리네 순간의 아름다움
내려서 눈은 쌓이네 내 쓸쓸한 귓밥 근처에.

아득한 거리나마 가닿아 보고 싶은
간곡한 음성들 은은히 숨어 있는
절절한 백지 한 장이 어둠을 덮는 이 밤.

**코스모스**

- 동요풍으로


기쁨이지, 저무는 가을비의 끝 연에서
참으로 조용히 만난 너희들 하얀 목소리
그 속에 숨어서 필까 이 마을 소녀 애들도.

사이좋은 이마처럼 지붕마다 등이 켜지면
아니다 꽃잎들도 몰래몰래 마을에 가
이 마을 소녀 애들과 술래잡기하며 놀 게다.

전선줄 몇 개 흐를 뿐 인적도 외진 길을
어느 뉘 뿌린 씨앗 정성만큼 예쁜 꽃이
이 마을 소녀들처럼 노래 부르며 피었네.

## 단풍물

가을에는 다 말라 버린 우리네 가슴들도
생활을 눈 감고 부는 바람에 흔들리며
누구나 안 보일만치는 단풍물이 드는 갑더라.

소리로도 정이 드는 산 개울가에 내려
낮달 쉬엄쉬엄 말없이 흘려 보내는
우리 맘 젖은 물속엔 단풍물이 드는 갑더라.

빗질한 하늘을 이고 새로 맑은 뜰에 서 보면
감처럼 감빛이 되고 사과처럼 사과로 익는
우리 맘 능수버들엔 단풍물이 드는 갑더라.

## 가을 언덕

가을 언덕이 조용히 누워 있다

풀잎의 중한 병과 벌레 울음 거느리고

영혼을 가로지르는

강줄기도 바라보며.

무심히 던진 돌들 이마 위에 떠 있고

때 묻은 피와 살결 한결 더 잘 보이는

가을날 우리 속죄의

한 나신裸身이 누워 있다.

## 엽서

수국이다 문득 돋아난 그 사람 목소리는

화엄사 언저리로 한 채 민가의 밤이 오듯

꽃잎을 열고 짚어도

파적破寂할 수 없는 하늘.

## 비

나는 그대 이름을 새라고 적지 않는다
나는 그대 이름을 별이라고 적지 않는다
깊숙이 닿는 여운을
마침표로 지워 버리며.

새는 날아서 하늘에 닿을 수 있고
무성한 별들은 어둠 속에 빛날 테지만
실로폰 소리를 내는
가을날의 기인 편지.

# III.

저녁 이미지

## 팽이

쳐라, 가혹한 매여 무지개가 보일 때까지

나는 꼿꼿이 서서 너를 증언하리라

무수한 고통을 건너

피어나는 접시꽃 하나.

# 잔
- 박물관에서

좌정한 부처처럼 너는 웃고 있구나
전쟁이 스쳐 가고 한 왕조가 이지러지고
독 섞인 술을 권하던
그 음모의 밤도 갔건만.

기억의 잔해를 붙들고 살아 쓸쓸한 이름이여
다만 네, 있어 증언할 한 잔의 허무를 위해
우리는 무명의 도공
또 오늘을 새기는 걸까.

# 우리 누나
-6·25

1
어릴 때 누나는 창녕에서 자랐고
자라서 누나는 파주에서 살지만
당신은 우리 누나를 욕하지 못한다.

강도 산도 해도 달도 산 자의 인연일 뿐
핏줄처럼 엉겨 붙은 잡초들을 후벼 파다가
사변이 나던 이듬해 밤차를 타고 떠났다.

2
이따금 엽서에다 누나는 소식을 쓴다
성한 그, 다리로는 밟지 못할 고향 땅에
어머니 추우실까 봐 털옷도 짜 보낸다.

## 겨울 삽화

아내는 저녁마다 배를 만들고 있고
파도는 오늘도 우리 가족의 오락
드넓은 해안을 향해
날개를 펴고 있고.

향나무가 보이는 창가에 나와 앉아서
필리핀의 정세와 사설을 읽는 동안
부엌엔 평일과 같이 연탄이 타고 있다.

침묵은 오히려 침묵으로 대응되는 것
혜진이가 그리고 있는 남국의 오렌지처럼
당신의 종이배 위엔
안 보이는 슬픔이 있다.

# 방 1

아무나 이곳에 와서
신발을 벗지 못한다

영육의 문신을 온몸에 나눠 새기며

꿈꾸는
사람들끼리만
백성이 되는
나라.

# 방 2

그림자 같은 육신

빈 공간에 뉘어 놓고

체온이여 체온이여

주인은 어디 갔니?

새벽별 먼저 만나러

산 너머 가고 없니?

# 방 3

내가 그리움에 철없이 눈을 떴을 때
방이여, 너는 말없이 창문을 열어 주었다
그곳엔 초설初雪을 맞는
나목들이 서 있었다.

내가 증오에 철없이 눈을 떴을 때
방이여, 너는 말없이 커튼을 드리웠다
그곳엔 사유를 위한
촛불이 켜져 있었다.

# 손 2

우리가 처음 태어나 의문을 지녔을 때
손은 천사처럼 그 의문을 안내했다
비로소 우리 존재를 손은 점검하였다.

라일락 가득한 뜰의 오월을 보았을 때도
낙엽 어수선한 시월을 보았을 때도
바닥난 우리 가슴을 손은 보살폈다

아, 어느 날 조국의 불타는 능선에서
백성이란 이름으로 운명과 마주했을 때
우리는 굳은 결단을 손에게 일임했다.

손은 고향이다
우리 생의 언덕이다
무심히 떠나야 할
그리운 이 앞에서는
가랑잎 바람에 떨듯 떨릴 줄도 아는 손이여.

## 비누

이 비누를 마지막 쓰고 김 씨는 오늘 죽었다
헐벗은 노동의 하늘을 보살피던
영혼의 거울과 같은
조그마한 비누 하나.

도시는 원인 모를 후두염에 걸려 있고
김 씨가 쫓기며 걷던 자산동 언덕길 위엔
쓰다 둔 그 비누만 한
달이 하나 떠 있다.

## 반지

내 이제 그대 손에 반지를 끼워 보네
생각하면 길고도 짧은 저마다의 길을 건너서
언약한 마음 한 곳에
반지를 끼워 보네.

야간 일 나가던 수출공단 후문에서
로션 한 통 사 바르며 오늘을 기다렸다는
그 손에 내 마음 입힌 반지를 끼워 보네.

우리 삶 푼수만 한 황금 두 돈 반지
다이아처럼 번쩍이고 야단스럽지 않아서 백금처럼 당돌하고 차
가웁지 않아서
오히려 다가와 앉는
우리들의 금언이네

이월 청댓잎처럼 견디며 살아가리라
이월 눈빛처럼 담담히 살아가리라
그대와 내가 지니는
이 은은한 맹세 하나.

## 바다

알몸의 저녁 바다가 유리창에 어린다

충혈된 항구의 피로 같은 노을이

어부의 구릿빛 이마 위를 바퀴벌레처럼 기어다닌다.

## 익명을 꿈꾸며

저녁에 사람들은 돌아와 눕는다
고요의 이불 아래 꿈꾸며 눕는다
하나씩 갖고 들어온
이름도 함께 눕는다.

떡갈나무 잎사귀에 이슬방울 흔들리듯
마음 둔 데 없이 이름이 흔들릴 때도
세상은 바람이라고 묵묵히 따라 걸었다.

이제 이마 위에
칠흑 포근하고
소망처럼 하늘엔 별들이 돋는 시간
우리는 돌아누우며
얼굴을 묻어 본다.

# 벽

스스로 귀를 닫고 돌아누워 보아도
강물처럼 흘러가는 새벽 적요의 함성
그 나라 아픈 절벽을
나는 안고 서 있습니다.

두드려도 두드려도 잠이 든 종이 되어
몸으로 홀로 몸으로 버텨 선 하루지만
이 세상 어느 날에는
비탄飛彈처럼 울겠습니다.

## 위력 없는 서류 위에 도장을 찍으면서도

위력 없는 서류 위에 도장을 찍으면서도
나는 가끔 생각해 본다
왜 도장을 찍는가를
찍히는 이 도장들은 정말 나의 뜻인가를.

한 건의 서류에도 도장들은 심각하지만
심각한 도장들 곁에 우리는 앉아 있지만
도장을 찍고 난 후면
언제나 쓸쓸해진다.

저물녘 유리창 너머 바라뵈는 까치집들
또는 그 인연으로 깃을 저어 날아드는
우리네 가족과 같은
환상의 새를 보면서.

# 숯

박명薄明의 저녁 한때 그대의 뒷모습
불 켜지 말아요 가끔시다 어둠을
때로는 이런 시간이 얼마나 소중한데요.

당신은 어둠에
어깨를 묻고 있다
당신은 어둠에
가슴을 묻고 있다
그러나,
그 어둠 속에서
무언가를 달구고 있다.

## 목련꽃

월남전도 끝나고 월남 땅도 망했다지만
우리 집 뒷마루 적막한 방에는
아직도 아주머니의 월남전이 남아 있다.

백마부대 손 흔들며 씩씩하게 떠난 형님
메콩강 기슭에서 군화 소리 높았어도
그 땅을 헤치고 뛰던
형님은 오지 못했다.

사월이라 맑은 날 꽃구름 피어날 때
분홍 잠옷 벗어 두고 어두워지면
아파라 긴긴 그 밤을
목련꽃
홀로 진다.

## 입술 1

마른 낮달처럼 내 가슴에 떠 있는 것아

너를 피리 불어 이 세상을 속인 죄로

숨겨 둔 퍼어런 멍울만

한밤에 아려 온다.

**입술 2**

유채꽃밭에선 나비들이 놀고 있다

뜬 가슴 부산한 흰 구름의 나들이

그대의 작은 입술이

물기에 젖고 있다.

**입술 3**

젖은 담요를 깔고 잠은 지금 누워 있다

오늘 밤 그가 맞이할 영혼의 고해성사

아파트 베란다에 걸린

빨래들이 푸석거린다.

## 입술 4

내가 옥죄어 둔 말씀의 고리들

내가 잠든 사이 머리칼처럼 풀려서

잠 깨어 바라다보니

돛단배로 가고 있네.

**입술 5**


칼 대신 네가 지닌 간편한 처세술 뒤엔

솜사탕보다 더 달콤한 침묵도 들어 있다

그것은 조용한 달밤의

뱃놀이 같은 마약.

## 입술 6


뒤척이는 새벽 강 잠재워 놓고 나니

목마른 이승 하늘 갑자기 두려워지네

천 근의 무게를 빙자해

내가 채우는 쇠통 하나….

## 저녁 이미지

은회색 연기들이 마을을 싸고 있었다
미처 깨닫지 못한 이승의 깊은 비애가
비워 둔 서편 하늘에 노을로 엉켜 있고.

꽃들은 지고 있었다 또 꽃들은 피고 있었다
빈 들에 놀고 있던 하느님의 새들은
진흙과 잔가질 물고
집으로 가고 있었다.

가난한 식구를 위해 두 손을 모은 어머니
주기도문 몇 음절이 문틈으로 새어 나가는
그 작은 불빛을 향해
아이들은 오고 있었다.

# 길

1
풀밭에 누워 하늘을 바라본다
더 큰 이 세상의 일곱 색 꿈을 건너서
저 길이 헤쳐 갈 뜰의
내일을 생각해 본다.

2
토담은 토담끼리 이마를 맞대던 곳
떠도는 빈 들 구름 같은 마음에게도
손잡아 방에 앉히던
옥양목 치마저고리.

네가 가고 싶은 낯선 도시에는
가슴에 못 박혀 남을 그리움이 있느냐
말없이 웃으며 밟을
달 그리메가 있느냐.

3
아무도 너의 가슴을 빗줄기라 하지 않았다

아무도 너의 발길을 바람이라 하지 않았다
그러나 네 안 깊이엔
비가 오고 바람이 불었다.

이미 떠나온 몸과 칼날 같은 눈빛과
고향 방에 걸어 두고 온 족자의 맹세들이
받아 쥔 차표에 실려
흔들리고 있었다.

4
네가 치는 아코디언의 실핏줄 같은 음률을 따라
네가 딛는 스란치마 철쭉꽃 같은 사랑을 따라
미명의 내일을 향해
또아리를
트는 삶….

대답할 수 없는 문이 되어 서 있었다
얼굴을 보이지 않는 모종의 공포들을
담담히 바라보면서

걸인처럼 서 있었다.

5
유월에 너는 피어서 아카시아 향기가 된다
시월에 너는 시들어 낙엽 지는 언덕이 된다
한밤에 너는 깊어서
달빛 쌓인 호수가 된다.

6
침묵의 눈발들이 희끗희끗 내려앉는 밤
마스트의 외로움과 구겨진 항구를 향해
길들은 포승에 묶인
죄인처럼 몸을 떤다.

알고 있다, 겨울이 가고
이 바다가 아름다운 날
원목을 잘라 내는 절단기의 서슬로
카리브 해안을 향해
달릴 수도 있는 너를.

7
잠든 인가의 대나무숲 가까이로
한 포기의 희망이 눈뜨는 이른 새벽
길들은 스프링코트의 먼지를 털어 본다.
지나온 세월보다 더 많은 내일을
오늘 아침 신문이 말한 종양의 원인들을
넌 이제, 건강한 삶의
친구로 맞을 줄 안다.

8
저렇게 많은 지뢰와 꽃밭의 유혹 속으로
시대는 너를 내몰아 역사를 만들리라
또 다른 열매를 위해
감히 너를 던지리라.

**거울에게**

오랜만에 창 앞에 서 있는 기분이다
나는 네 가슴에 고스란히 담겨 있다
그만큼 너는 따뜻이 나를 감싸 준다.

그러나 생각해 보면 나는 하나의 은유
네가 이미 짜 놓은 세계의 하늘 속에서
우연한 깃발이 되어 나부끼고 있을 뿐….

## 주말은 비

우산을 들고 찾아온 따스한 사람 앞에서
미스 김은 왜 그렇게 일그러진 얼굴을 할까
잠시의 무지개 꿈도
그는 갖지 못하는 걸까.

은빛으로 빛나던 어제와 그제의 거리
창밖에서 훔쳐 온 소량의 그리움마저
그는 왜, 애써 지우며
가슴을 닫는 걸까.

남모를 우수의 몸짓을 하는 꽃들
초록의 잎을 흔드는 빗방울의 발자국
그 모든 의문을 향해
오월이 오고 있다.

## 우리나라

내가 몰래 버리고 온 질문의 찌꺼기들이

쓰레기통 바닥에 박혀 꿈틀대고 있는 시간

반도는 전쟁을 베고 평화처럼 누워 있다.

## 오늘

그대의 블라우스가 바람에 나부끼고
실비를 맞으며 우산들이 분주하고
백화점 쇼윈도에는 닿지 않는 빗방울들.

얼굴을 가리고 누군가가 들어가고
산부인과 병원 가까이 서 있던 영구차 하나
이승의 터널을 지나
어디론가 가고 있고.

# 강

1
사나이 하나가 다리 위에 서 있다
허름한 반바지의 희끗한 중년이
하상河床을 바라보면서 다리 위에 서 있다.

한때는 그를 위해 화폭처럼 걸려 있던 강
사나이는 두어 번 머리를 긁적이더니
비껴간 시간을 향해 돌팔매를 날린다.

강은 그저 앙상한 가슴을 보이고 있다
강은 그저 팍팍한 가슴을 보이고 있다
누구도 지울 수 없는 발자국이 드러나 있다.

2
언 땅에 봄이 오면 살구꽃이 피었다
마을을 지나가던 삼등 열차 기적 소리가
주홍빛 노을에 닿으면 강물도 따라 익었다.
세계를 잉태하던 우리들의 천지 강산
마음의 노를 저어 꿈을 향해 치닫는

그 배를 따뜻이 안고 저물어 주던 강물.

3
강물은 깊은 시름에 가슴을 잃어버렸다
병든 살구 가지 쇳소리 가득한 거리
낯익은 동네 사람은 어디론가 가고 없다.

생각에 잠겨 있는 시월의 둑들이여
시멘트로 묶여 있는 회상의 길들이여
붕대를 감고 흐르는 당대의 강물이여.

사나이는 조용히 강바닥을 보고 서 있다
무력한 자신 같은 강바닥을 바라보다가
불현듯 그의 눈에는
폭풍이 엉키고 있다.

## 목욕물

기쁜 날 가슴에 달 따서 안고
목욕물 데워 놓고 머리를 감던
누나는 시집을 가서 신랑만 잃었다네.

어느 전지戰地에 외아들 보내 놓고
목욕재계하고 부처님께 원을 빌던
숙모님 그 아들 잃고 후살이만 갔다네.

씻어도 씻어도 한만 남던 목욕물
천 원짜리 탕 바닥에 덕지 때 뿌려 놓고
이 풍진 세상 넘으려 내 다시 눈 감아 본다.

## 하수구

시월 하늘에 흰 구름 떠 가고
혈관마다 은은히 종소리 번져날 때도
생활의 바닥 깊숙이
검은 물은 흐른다.

가장 아름다운 사랑을 가꾸기 위해
한 잔의 커피를 놓고 우리가 마주할 때도
생활의 바닥 깊숙이
검은 물은 흐른다.

하수구는 어쩌면 우리들 꿈의 운하
영원으로 가득할 내일을 가꾸기 위해
미지의 바다를 향해
목선을 띄우는 곳….

## 아메리카

나를 두고 그 대륙을 찾아간 연인은 없다
나를 두고 그 대륙을 찾아간 친척은 없다
그래서 아메리카는
분홍빛 리본이 된다.

쓸쓸할 때 나는 막연히
아메리카를 생각했다
꿈을 꿀 때 나는 막연히
아메리카를 생각했다
어릴 땐 크고 따스한 아메리카의 손을 보았다.

워싱턴발 경제 뉴스가 조간 위에 흩어져 있다
미열을 참으며 창 앞을 바라보니
거대한 아파트 숲에
나비 한 마리 갇혀 있다.

## 가을 기도

달빛을 밟으며 묵묵히 뜰에 서 보면
당신은 너무나 잃은 것이 많은 남자
계단을 스쳐 흐르는 저 시간의 물소리여.

들어와 소등을 한다 얼굴을 가리기 위해
가을밤은 그러나 그림자를 키우고
나는 또, 우수를 이겨
한 편의 시를 쓴다.

생각하면 적요란 빈자가 누리는 일등
영원을 꿈꾸며 잠들고픈 머리맡에
오늘은 또 누가 와서
꽃씨를 두고 갔으면.

## 겨울 청소부

서울특별시 남산 국립도서관
노시인의 시구에 경배를 보내듯이
계단을 닦으며 웃는 아줌마께 인사를 한다.

따스한 봄볕이 이 마을에 닿을 때까지
신채호, 데카르트, 이병기 등의 건강을
또는 그, 정신을 위해
그가 든 걸레 하나.

부지런한 나라의 교활한 식자들이
저 소중한 자료들을 남독하고 있을 때
당신은 그저 묵묵히
이 건물을 닦고 있었지.

## 항구

너를 키우는 건 불굴의 남근일까
수초 우거진 긴 밤의 덩굴 사이로
굶주린 사내들은 와서
홍등을 물어뜯는다.

항구는 바람에게도 그리운 고향일까
부두를 흔들어대던 격정마저 잠든 밤에
달빛은 부서진 목선의
어깨를 어루만진다.

내가 건져 올려야 할 무한량의 내일을 위해
뱃전에 기대서서 수평선을 바라볼 때
항구는 뜨거운 해를
가슴에 걸어 둔다.

## 찻집 '구월'

사월이 솜사탕처럼 가슴에 스며든다
거리의 소녀들은 철쭉처럼 피고 있는데
우리는 난간에 서서
찻집 '구월'을 생각한다.

어눌한 시인과 그의 아내가 앉아서
무슨 한의 물레를 잣듯 찻잔을 닦고 있던
암갈색 카페트빛의 그 찻집의 고요를.

시인의 아내는 가고
'구월'의 문도 닫히고
거리의 소녀들은 철쭉처럼 피고 있건만
머물 곳
없는 구름은
빈 하늘을 떠돌고 있네.

## 하현달

낡은 일기장에 낙서처럼 남아 있는

갯잔디 풀 같은 것아 머리 푼 우수야

오늘 밤 잠도 버리고

젖은 너를 본다.

## 별

우러르면 아득히 따스하던 이름을

마주하여 이 밤엔 외려 쓸쓸하나니

스미는 바람결에도

피리 소리 젖도다.

# 구름

1
어둠을 데리고 오던 그 광풍의 허세를
아무도 믿지 않으며 하늘을 바라본다
오늘은 날이 맑아서
웨딩드레스 같은 구름.

2
저녁연기들이 허공에 날리는 시간
복사꽃 다 진 마을의 소녀들은 나와서
잘 익은 모과주 같은
그리움에 눈을 뜬다.

### 아가雅歌

그대를 생각하는 오월 그네 위에
등꽃은 하염없이 하늘로만 열려 있고
나는 그 무지갤 보며 가슴을 다독인다.

신은 알고 있을까, 숨어서 부는 피리를
미풍 하나에도 신경의 올실 같은
머플러 분홍 빛깔이 바람에 젖는 것을.

봄비처럼 그대는 내 언저릴 돌다 갔지만
나는 그저 묵묵히 단조의 피리를 분다
끊어진 소식을 향해 노을빛 피리를 분다.

## 사랑 노래

그리움의 살결이 짐승처럼 만나서

피 흘리며 짜내는 파도 같은 사랑이여

밤마다 네 소리 때문에

달이 하나 뜨곤 한다.

## 편지

경아가 닦아 놓은 화병에 꽂혀서
안개꽃이 바람에 머리칼을 풀듯이
잊었던 어느 사람의
따스한 목소리 하나.

일상은 언제나 격한 파도라지만
행간에 스며 있는 저 은은한 고요가
목숨의 귀한 가치를
온몸에 뿌리고 있다.

# 눈

환각제 가루 같은
흰 눈이 내리고 있다

버려진 지구의 육신을 문지르며
은밀히 감춰 두었던 어둠과도 입 맞추며.

눈은 내리고 있다
일순의 현란한 위장
사람들은 말없이 창문을 닫고 있다
잠 깨면 다시 맞이할
덧없는 혁명 같은….

## 낮달

기다림도 지쳐 잠든 그대의 맑은 하늘에

누가 몰래 풀어놓았나 목이 마른 은비녀 하나

진초록 파도 깎으며

서쪽으로 흘러가네.

### 습작 노트

무심한 마음에도 노을이 깔리는 시간

핀셋으로 건져 올린 시든 낱말 몇 개

혹은 그, 허무를 향해

열려 있는 창의 꿈이여.

**아파트**
- 어느 여고생의 노래

열세 평 작은 아파트 곗돈 부어 마련한 집
온 식구 다리 뻗고 돌아눕진 못해도
사막의 선인장처럼 뿌리내려 사는 집.

할머닌 웃으실 거야 무모한 문명의 꿈을
철강과 시멘트의 서투른 약속으로도
외로운 사람을 위한 집이 될 수 있다는.

아파트는 양약처럼 달콤하고 씁쓸하다
누군가 잘못 기른 한 마리 짐승처럼
때로는 한밤에 나와 금속성 울음을 운다.

삼대는 나란히 누워 아무도 말이 없다
할머니는 민들레 핀 시골길을 꿈꾸실까
어머닌 경제성 있는 단독주택을 꿈꾸실까.

아침이면 할머닐 두고
우리는 집을 나선다
저승서나 걸려올 듯한 전화를 기다리며

하늘을 잃은 새처럼 갇혀 계실
우리 할머니.

아파트는 알고 있다 간이역 같은 자신을
밤마다 숙의熟議하는 식구들의 눈치를 보며
그러나 치러 내야 할
불입금만큼의 사랑….

## 풍경

여고 삼학년 숨 가쁜 자습 교실
학생들이 읽고 있는 창백한 교과서 위로
지금 막 새 옷을 입은
오월이 지나간다.

적막은 그들의 내일을 위한 인내
눈시울을 젖게 하는 저 맹세의 눈빛들을
하나둘 흔들어 보며
바람은 기웃거리고.

햇볕이 레이스처럼 나뭇잎에 걸리고 있다
옷고름을 풀고 싶은 자목련 봉오리들이
몇 명의 학생을 향해
고개를 들고 있다.

## 기러기 율律

떠나누나 떠나면서 그리움 버리누나

맑은 하늘 흘러가는 추억의 강물 한 자락

뿌리째 뽑아 던지고 돌아 돌아 가누나.


가도 가도 끝없는 허무의 날갯짓임을

기러기는 느끼며 돌아 돌아 오누나

갈래 길 끊어진 소식 그리워 오누나.

**역驛**

아무도 내리지 않는 역이 하나 있었다

상처뿐인 과거 몇 행 그리움에 찌든 문맥

뜰 앞의 은행나무는

그런 은유로 졸고 있었다.

# IV.

사전을 뒤적이며

## 희망

길이 가파른 곳엔

반드시 샘물이 있다

상처가 깊을수록 깊어지는 사랑이 있듯

어둠을 뚫고 빛나는 저 별빛의 일획으로.

## 나사 2
– 삼풍백화점

1
나사가 나사일 땐 나사인 줄 몰랐다
병든 자본의 가지 끝에 앉아서
마지막 조립을 위해 피 흘리던 손이여

무너진 계단 밑에서 잠이 든 너를 보며
으깨진 주검 속에서 일어서는 너를 보며
어둡고 아름다운 세상의
나사를 생각한다.

2
일기를 쓰기 위해 안약을 넣는 저녁
따스함도 희망도 애써 넣어 보지만
창밖엔 수의도 없이
떠도는
칠월이
깊다.

## 사전을 뒤적이며
- 유재영에게

아무 데나 기웃거리는 사탕 같은 말들이
밤하늘 은하수처럼 내 몸속을 흐르고 있다
오늘 밤 친구에게 할
나의 말도 그런 것일 뿐.

비 맞고 바람 맞고 눈, 서리도 견디는
저 절벽의 청솔 같은 그런 말은 없을까
관념의 벽을 넘다가 으깨진 말은 없을까.

## 모란

피면 지리라

지면 잊으리라

눈 감고 길어 올리는 그대 만장 그리움의 강

져서도 잊혀지지 않는

내 영혼의

자줏빛 상처.

# 잔

기다리며 마실수록 잔은 말이 없다
생각하며 마실수록 잔은 말이 없다
헐벗은 마음일수록 잔은 더욱 말이 없다.

닿으면 되살아나는
무형의 언어들을
이 적요의 공간 속에 한없이 풀어놓는 일
그대와 내가 가꾸는
절제의 온유함이여.

## 주민등록증 1

바라보면 그 속에는
한 생명의 부조가 있다
흐린 망막 부은 두 볼
탈색한 겨울 상의
황량한 시간이 남긴
저 엄지의 이지러진 선.

언제부터 이런 모습을 나라고 믿었을까
돌아서면 바람 부는 이승의 모퉁이에서
우연히 마신 술값으로 잠시 너를 맡기고 오며.

## 유천역

역구에선 누구나 기다림에 익숙하다
낯선 얼굴들과 흩어지는 발자국이
옷깃에 묻히곤 하는 어둠을 지우기 위해.

열차는 때때로 기별도 없이 스치고
용감한 시계들은 하루를 갉아먹지만
역사驛舍의 낮은 하늘도 기다림에 익숙하다.

### 그대를 보내며

잠들거라 네가 얻은 한 평 반 영원의 집
가파른 길 어둔 골목
피땀으로 가꿨어도
가지지 못했던 단란
이제 얻어 떠나는구나.

별빛 화분처럼
이마 위에 따스한 계절
무상했던 한세상 꽃씨 몇 개
뿌려 두고
이제는 건너가거라
어서 건너가거라.

## 옛집에 와서

1

간밤에 등불을 켜고 주인이 책을 읽었다
그 어떤 삽으로도 퍼낼 수 없는 어둠들이
명상록 페이지마다 가득가득 담겨 있었다.

2

별들이 떠 있고 식구들은 잠들었지만
정원의 수목들이 가지를 뻗는 사이에
수심은 일 센티쯤씩 웃자라고 있었다.

3

청기와 골 깊은 인심 풀 나고 바람 불어
시멘트 바닥처럼 싸늘한 마당으로
달빛은 유년의 기억만 연신 퍼붓고 있었다.

**달맞이꽃**

작은 웃음 보이며

맑게 맑게 반짝이며

노을 속에 서 있는 산 개울가의 너는

장님이 데리고 가던

어린 딸애의 살결 같은 꽃.

# 편지 1

흐린 불빛 아래 편지를 쓰고 있다
네게로 건너가는 변함없는 이 온기
냇물에 잠겼다 뜨는 내 상념의 피라미 떼들….

인적 죄다 끊긴 성당 어느 뒷뜨락의
담쟁이 젖은 잎들이 수녀처럼 묵상에 잠긴
그 시간 어둠 속에서
하나둘
별이 돋듯이.

# 문

1
문아 문아 문아 문아
바른대로 말해라
언제나 열려 있고
누구든지 오면 되느냐
닫힌 채 빙그르르 도는
문아 문아 문아 문아

2
회백색 건물 안쪽
얼비치는 푸른 커튼
들어서면 더 멀어 뵈는
탁자와 의자를 건너
오늘도 그 말 못 하고
돌아오며 되물어 본다.

## 어머니

탱자나무 울타리 길
향나무 샘물 고인 곳
반 보시기
보리쌀
행주치마로 훔치던 눈물
바닥난
인내도 일구어
서릿발로
견디시다.

## 전화

죽순처럼 몰래 자란 우리들의 외로움
가쁜 호흡으로 실어서 보내는 시간
귀 대어 엿듣고 싶네
그리움의 파도 소리를….

칡넝쿨로 엉클어진 이 세상 언덕배기
누가 나와 애절하게 트럼펫을 불고 있네
어쩌면 내 것도 같은
저 금속성 삶의 파편.

## 어느 독주회

삼십 년 영혼의 피륙을 짜 모아서
오늘 하늘 아래 펼치어 보나니
그대의 손길 닿는 곳 폭약처럼 타오르나니….

비단결 이름 지어진 모진 인연의 끈아
네게 다가가서 천상의 음을 듣고
이 밤의 가득한 꿈을 꽃피울 수 있다면.

오십 그, 먼 포구에 뱃사람처럼 앉아
가없는 물결을 바라보고 있나니
사랑의 수인이 되어 알몸으로 젖고 있나니.

## 해 질 무렵

노을이 커튼처럼 내 망막을 덮는 시간

추억의 아메바들은 쉬지 않고 출렁거린다

발신인 없는 연문의 그 숨 가쁜 첫 행처럼.

## 잎

전병같이 둥글고 따스한 봄을 기리며

물관부는 겨울에도 역사의 피를 옮겼다

마침내 어둠을 찌르는

저 일검一劍의 초록이여.

## 나이테를 바라보며


네 그늘엔 조각난 탄피가 박혀 있다
네 그늘엔 깨어진 거울이 잠들어 있다
지금은 말이 없지만
그 내부를 나는 안다.

물결이 스미듯 풀잎들이 흔들리듯
지나가는 역사는 언제나 순간이지만
네 깊이 심어 둔 일월은
늘 피 묻은 싸움인 것을.

## 편지

잠든 얼에 못을 박으며 사월은 말합니다
방황하는 이름들은 이제 혼이 아니라고
펜 끝에 힘을 줄수록
유언처럼 떨리는 낱말.

줄장미를 보았지요 어느 감옥에서
풀어도 풀리지 않는 어둠을 끌어안고
담쟁이 덩굴손처럼
절망으로 기어오르는.

# 강

흐른다고 모두가 강이 될 수 있으랴
한도 있고 대숲도 있고 누각도 갖추어진
밀양 땅 남천강쯤이라야 강이라 할 수 있으리.

언덕에는 폴폴 인연의 꽃씨 날리고
눈 감으면 돋아나는 그 사람 얼굴처럼
하늘엔 은쟁반 같은 우리 사랑의 달도 떴네.

흐른다고 모두가 강이 될 수 있으랴
역사의 갈피마다 대쪽 같은 백성 길러 온
밀양 땅 남천강쯤이라야 강이라 할 수 있으리.

# 흙

이슬을 이고 있는 봉분들을 볼 때마다
기댈 데 없는 인간의 우수를 읽곤 하지만
역사는 흙의 증언과 내밀히 동행해 왔다.

내밀히 동행해 왔다 뼛속 깊이 동행해 왔다
저 적분의 통한도 군왕들의 탐욕도
다 담아 가슴에 안고
겉으론 말이 없지만.

## 아홉 시 뉴스를 보며

1. 언어학 개론

당당히 따지고 명확히 답하기 위해
나는 말을 배우고 나는 글을 배웠으나
남은 건 침묵뿐이네 그 침묵의 가면뿐이네.
달변의 혓바닥으로 갈래갈래 헝클어 놓은
저 곡필의 역사 앞에 잠 못 드는 혼령 있나니
이 세상 흐린 날에는 마음의 창이나 닦을 일….


2. 노을

코일처럼 꼬여진 시정의 사연들이
지친 저녁 하늘을 뒤척이고 있는 한때
그대의 철없는 꿈도
커피잔에 녹고 있다.

## 노을

젖은 어깨 위에 하늘이 쌓여 있다

아무도 그의 이름을 들먹이지 않는다

풋나무 잎사귀 같은

권세가 지고 있다.

## 소금

불면의 시대를 각으로 떠서 우는
부패한 시대를 모로 막아 우는
짜디짠 너의 이름을 소금이라 부르자.

마침내 굴욕뿐인 이승의 현관 앞에서
네가 걸어와야 했던 유혈의 가시밭길
이고 진 번뇌의 하늘 그 또한 얼마였으리.

이제는 지나간 역사의 창이라지만
어느 누가 염치없이 네 이름을 훔치려 하나
소금은 말하지 않아도 제 분량의 영혼이 있다.

## 여름

무심히 펜 끝으로 원고지를 찍어 보아도

핏빛 내 정신의 세계는 닫혀 있고

버려둔 말의 벌판엔

잡초만 무성하다.

## 해금 시인 시집을 읽으며

마음에 금을 그어 잠들어 있던 이름들

발해처럼 고구려처럼 그윽히 불러 보면

노래는 영토 없이도 나라로 대답합니다.

그분들이 두고 간 납덩이 같은 말들이

저 이념의 철망에 걸려 피 흘리고 있을 적에

우리는 부끄럽게도 제 노래만 불지요.

## 일기
- 서종택에게

지나간 오 년은 물처럼 흐른 시간

그러나 내게는 지울 수 없는 상처가 있다

어둠의 껍질 벗기다 맞았던 삶의 흔적.

## 지상의 밤

돌아오지 않고 있는 딸들을 기다리다
이 땅의 어머니들이 지쳐 잠에 빠지는 시간
집들은 상한 희망을
하수구에 내다 버린다.

칼날 같은 거리와 귀먹은 벽 사이에서
한 움큼의 부엽토도 되지 않는 믿음들
쓸쓸한, 날을 접으며
내일이 오고 있다.

## 방황

정처 없는 시간들이 외출을 서두는 저녁
이슬 같은 그리움 핀셋으로 건져 내어도
비워 둔 하늘 한편엔 구름 같은 우수 몇 점.

기쁨은 기쁨끼리 또 증오는 증오끼리
어깨 짜고 달려드는 저 객창의 파도 앞에서
철없는 혈기 죽이며
낮달처럼 흐르는 것.

파도는 흰 이빨로 바다를 물어뜯지만
나는 아직 갈 곳 몰라 항구에 묶여 있다
갈매기 젖은 울음만 부초처럼 자라는 칠월….

## 시계

돌아봐선 안 되는 로마의 검사(劍士)처럼
너는 가고 있다 직진의 운명으로
가서는 되돌아 못 올
허무의 늪 속이라도.

고향 땅을 떠나서 사막을 건너가는
갈증의 카라반 같은, 피 묻은 화살 같은
경사진 삶의 둔덕을
달려가는 저 행렬.

내가 너를 쫓는 동안 너는 나를 쫓아야 한다
이 기막힌 비극 뒤에 신은 웃고 있을 테지만
날 새면 다시 일어나
내 하늘을 가꿔야 하리.

# 눈

뿌리 없이 떠도는 가난한 낱말들도

갈 곳 없어 헤매는 이 땅의 원혼들도

서정의 이불을 덮고

이 밤엔 잠이 듭니다.

**신발**

저 저자의 환락과 지폐의 유혹을 건너

살아서 돌아오는 너는 아름답구나

불면의 시대를 지키는

너는 너는 아름답구나.

**약속**

가을은 가을은

스님 같은 가을은

제 가진 육신마저 훌훌 벗고 돌아서는 날

그 불길

그 부산 끝에도

사리 같은

씨앗 남겼네.

**지리산 1**
- 무덤

유성이 흐르듯 홀연히 그대는 갔네

이 나라 푸른 잎들이 그 상처를 덮어 주었네

어둠을 뜯어 먹으며

선승禪僧 같은

달도 나왔네.

## 지리산 2
- 구름


가을 나무 아래 한 노인이 앉아 있다

그가 보는 하늘은 회상의 푸른 거울

티 없이 맑은 꿈들의

유영 같은 화두 몇 점.

**지리산 3**
- 달


1
면경처럼 오늘 밤 너는, 내 얼굴을 비춘다
내 얼굴을 비춘다 내 마음을 비춘다
독약의 불꽃이 되어
너는 나를 제련한다.

2
산수유 열매로 내가 차츰 붉어질 때면
운명을 탄주하는 시간의 현금玄琴처럼
안개 낀 산정에 떠서
너는 나를
다그친다.

# 거울 2

샘물
그 성찰의
차가운
마음의 샘물
아침마다 가다듬는
이 정결한 빗질 앞에서
거울은
늘 새롭구나
내 영혼 모두 비추네.

불꽃 같은 욕망도 삭은 결로 내려앉고
솜털 같은 시간도 골을 파는 아픔이 되어
거울은 늘 무겁구나
내 남루
모두 비추네.

## 거울 3

무명의 시간들이 익사해 간 거울 속에는
분홍으로 가려진 추억의 창도 있지만
빗질을 하면 할수록
헝클리는 오늘이 있다.

그러나 아침마다 잠이 든 넋을 위해
누군가 힘껏 쳐 줄 종소릴 기다리며
우리는
거울 앞에서
머리를 빗어야 한다.

비가 오고 서리가 오고 국화꽃이 길을 열고
우리 맞는 계절은
늘 이렇게 조화로운데
거울은
무슨 시름에
또 가슴을 죄는 걸까.

# 손

오선지에 닿으면 떨리는 음률이 되고
그대 곁에 앉으면 진초록 파도가 되는
손 하나
우리 붙잡고
대로에 그냥 서 있자.

이 손의 내력일랑 아무도 묻지 말자
어둠을 빙자해서 피 묻은 죄를 짓고
태연히 웃는다 해도
그냥 미더워하자.

햇살은 나뭇가지에 헤픈 웃음을 날리고
거리는 바쁜 발길로 화덕처럼 뜨거운데
우린 왜 섬이 되어서
정처 없이 떠도는 걸까.

## 안개

안개를 안개라고 이름 지어 부르면서도
아무도 안개를 본 사람은 없다고 한다
안개는 복면의 미립자?
컴퓨터 바이러스?

오늘도 TV에서는 안개를 논하지만
결론은 미망迷妄의 허상, 안개는 과연 무엇일까
비의를 감춘 입술들?
자유를 구타하는 손?

결재를 받으려 할 때, 지하도를 빠져나갈 때
산역山役처럼 지겨운 하루를 마감할 때
갑자기 온몸에 퍼지는
이 피로가
안개일까?

## 백지

백지는 백지일수록 횡선을 그리워한다

닿으면 몸 사리고 돌아누울 표정이지만

기약도, 없는 봄날을

마음은 징처럼 울어.

**별**

어둠이 스크럼 짜고 발길을 묶는 저녁

마음의 변방에 와 두 손으로 하늘 가려도

당신은 풀무치처럼

바닥없는

슬픔만 긷네.

## 식구

몇 번을 건설하고 또 몇 번을 파괴해 온

산마루 꼭대기에는 바람뿐인 집이 한 채

절망과 희망이 누워

서로 다른

꿈을 지핀다.

## 겨울 항구

어둠의 사슬에 묶여 포구에 갇힌 선박들
오리무중의 내일을 기다리며
여인숙 하수구들은
병든 낭만을 방류한다.

강철처럼 단단한 수평의 껍질을 깨고
아침마다 비상할 불꽃의 새는 없을까.

시간은 현관 앞에서
구두끈만 만지고 있다.

## 형님

산 하나 초록으로 지켜 선 고향 마을에
섬처럼 농사일하며 형님이 살고 계신다
달빛도 벗하며 앉히는
평상은 그의 장원.

자궁암 앓는 형수님
폐선처럼 그늘져 있고
맏이 딸 외지 동생
가뭇 소식 없어도
세상사 구름 보내듯
웃음 섞어 보내시며.

## 구름의 말 1

철들 만한 나이에도 안 보이는 흉터가 있다
그 흉터를 찾기 위해 그 흉터를 지우기 위해
조용히 거울 앞에 서면
나는 금세
멀어지는 섬.

하늘엔 폭죽 같은 노을이 번져나고
그때마다 일어서는 내 욕망의 허구들에게
아직도 안녕이라고
말할 수 없다 나는.

# 비


구인 벽보판을 빗방울이 때리고 있다

광포한 빗방울들이 자모字母를 때리는 동안

무노동 무임금주의의

깃발이 지나간다.

## 청산이발소 김 씨

폭력의 정치들이 거리를 누빌 때도
그는 말이 없었다 창밖의 풍경에 관해
시간이 그런 인내를 그에게 가르쳤다.

다만 의자 위에
잠이 든 손님을 보며
그는 생각했다 잊고 있던 그의 생을
때로는 상처에 의해
가꾸어지는 영혼을.

거울 속으로 사라지는 푸른 날의 기억들
김 씨의 손끝은 이제 조금씩 떨리지만
그 어떤 가면 앞에서도
의연히 가위를 든다.

# 돌

눈을 뜨면 이마 위엔

언제나 돌이 있다

그늘을 지우기 위해 새로운 출발을 위해

꽃 없이

열매를 탐하던

어제를 벌주기 위해.

## 구름의 말 2

망설이던 안개가 속옷을 걷어 내며

준령 넘어 하늘길을 열어 주고 있다

그 하늘

속 깊이 열면

또 다른

준령 있는 곳.

## 비망록

분꽃이 피어서 봄도 이미 지고 있다
버스는 공룡처럼 아가리를 벌릴 때마다
공단의 근로자들을 토해 놓고 지나간다.

기다리던 사람은 아직도 오지 않아서
주소가 잘못 기재된 연인들의 편지처럼
남의 집 우편함 곁에 비를 맞고 서 있다.

## 새벽 두 시의 시

우연히 잠이 깨어 방 안을 바라보니
아내는 꿈속에서도 곗돈을 넣고 있고
진이는 팔을 벌려서 어느 섬에 닿고 있다.

나는 이 풍경을 백지 위에 담고 싶다
저 부르튼 입술들의 무사한 귀가에 대한
감사의 불을 밝히는 부질없는 제의祭儀여.

## 나사 1

지나간 연대의 쓸쓸한 훈장 같은
너를 주워 들고 가만히 바라본다
내 얼굴 닮은 듯도 한
너를 바라본다.

물기 배어서
엷게 녹이 슬었고
서툰 시간이 남긴
상처도 깊은 지금
따뜻이 너를 보살필
또 다른 손은 없을까.

## 주민등록증 2


누가 여기 담긴 욕망을 질타하리

누가 여기 담긴 내일을 읽어 내리

아직은 시효가 남은

우리 인생의 여권 한 장.

### 소곡小曲


우리 집 장 안에 숨어 있던 봄옷들이

우리도 모르는 사이에 새봄을 데리고 왔네


어둠의 띠를 풀어서

강물에 던지는 삼월.

## 실상사

구름을 잠재우고 산을 잠재우고
나그네를 잠재우고 마을을 잠재워서
불면의 밤을 가꾸는
너는 무엇인가?

방황은 외투처럼 네가 걸치는 화두일까
벼랑을 건너가는 종소리의 아픔일까
석장승 외진 입상의 정처 없는 시선일까.

뜰에 진 꽃잎 하나 무심히 줍는 사이
천년이 흘러가고 또 천년이 온다 해도
스스로 채워 둔 족쇄
풀 길 없는 사유의 강.

## 과일

쟁반에 과일들이 고이어 빛날 때
식구들은 전등 아래 하나둘 모이고
안온한 꿈의 시간이
비로소 달무리 되네.

눈먼 하루를 절며 절며 헤매어 온
이 가난한 사람들의 무사한 귀가를 위해
과일은 신의 딸처럼 태초부터 있었던 걸까?

나이프가 과일의 껍질을 벗기는 동안
사각사각 대화의 껍질이 벗겨지고
어둠을 쓸고 서 있던
달빛도 들어와 앉네.

## 무지개

무지개가 피었다 선연한 칠색 레이스

작은 숲과 마을들이 번뇌에 잠겨 있는데

우리가 이고 서 있는

찬란한

꿈의

높이.

## 넥타이

넥타이를 매고 나면 나는 뱀 같다
교활한 혓바닥과 빈틈없는 격식으로
상대를 넘어뜨리는 이 도시의 터널에서.

나의 너털웃음을 그는 알고 있을까
내 웃음이 꾸며 주는 청록빛 넥타이 속엔
지난밤 내가 숨겨 둔 간계가 있다는 걸.

넥타이는 어둠 속에서 비로소 눈을 뜬다
예리한 핀 아래 눌려 있던 욕망들이
일제히 사슬을 벗고 제 얼굴을 드러낸다.

**징조**


벙어리장갑을 낀 시간이 찾아왔다

신발 끈을 죄며 누가 나가고 있다

하이얀 쟁반 하나가

땅바닥에 떨어진 아침….

# 못

머뭇대고 망설이는 내 삶의 꼴이 미워서

못을 칠 땐 기를 쓰고 아내가 망치를 든다

곧추선 못의 정수릴

수없이 두들겨 팬다.

## 마산

내가 그대에게 연문을 띄운다
내가 그대에게 격문을 띄운다
한 자루 촛불의 힘으로
어둠과 맞서 온 땅.

잠들지 못하는 저 공장의 파도 소리
지그시 물고 있는 어금니 같은 해안선
그 새로 합포 바다는
관절을 앓으며 운다.

총칼을 멘 병사가 오지는 않았지만
마산은 언제나 후두염을 앓는 도시
번화한 어느 거리에도 병든 문명이 섬뜩하다.

## 연필화 앞에서

선을 물고 날지만 너는 비정한 인내

욕망의 색깔들을 가슴에 묻어 두고

회색빛 그 폐허 위에

영혼의 집을 짓는.

**요즘 편지**

욕망의 채널을 버리지 않는 한

네 편지는 내게 닿아도

사랑을 긷지 못한다

우연히 마주치곤 하는

조미료 같은 단어들 … 일 뿐.

## 그릇

공복은 당신들의 그릇 곁에 놓여 있다
포만 또한 당신들의 그릇 곁에 놓여 있다
그릇이 오늘 밤에는 성찬의 용기라 해도.

바로 그 미명 때문에 전쟁은 다가와서
땀 흘리며 피 흘리며 복종을 강요하지만
그릇은 제 스스로도
의지가 없어 슬프다.

## 변기

변기를 아시나요, 짐승의 아가리 같은
엉덩이를 받쳐 드는 저 백색의 질 속에서
오늘의 욕망이 피고
그 욕망이 지는 것을.

타협하기 위하여 진정하기 위하여
배설하기 위하여 변절하기 위하여
변기는 놓여져 있다
필생의 테마처럼.

삶을 채근당하는 거리의 발자국들도
햇빛을 피해 다니는 익명의 얼굴들도
한 모금 안식을 얻어 재기의 칼을 가는 곳.

## 도서관에서

침묵의 두께만큼 깊어지는 책 속엔
생각의 어종語種들이 어지럽게 몰려다닌다
이곳은 길이 없어서
더 소중한 길이 되므로.

영악한 사람들이
페이지를 넘길 때마다
문단 속에 숨어 있는 경구들을 캐곤 하지만
영혼은 긁어서 얻는
지식 속에 있지 않다.

목마른 행인들이 물 한 컵 간구하듯
간구하며 다가서는 거짓 없는 눈빛들에게
마음의 창이 되고파 문을 여는 저 책들.

## 책의 죽음

나는 이제 이 책들과 헤어질 때가 되었다
사람들은 엉성한 결론을 눈치채었고
행간에 담긴 여백도 그 신비를 잃었으므로.

한때는 비수처럼 번뜩이던 논리들
그 논리가 껴입고 있던 화려한 수사들을
어느 날 통나무 베듯 베어 버린 것이다.

버려야 할 신발짝 같은 책들을 뒤적이면
턱없이 오만한 지성의 거죽을 향해
반성의 창을 던지는 시간의 손이 보인다.

## 여인숙 1

눈보라는 날리고

바람은 울어대고

동백의 열아홉

너를 너를 기다리던 역

내 지닌 독이빨 같은

성애性愛의

푸른 불꽃.

## 여인숙 2
– 김홍숙 전

언니는 미국 가고

오빠는 군에 가고

엄마는 장사 가고

아빠는 저승 가고

다 낡은 목조 가옥에서

나는 쉽게 꽃을 팔고.

# V.

맹인

## 맹인

맹인은 사물을 손으로 읽는다
손은 그가 지닌 세계의 창이다
마음이 길을 잃으면
쓸쓸한 오독誤讀도 있는….

눈 뜬 우리는
또 얼마나 맹인인가
보고도 만지고도
읽지 못한 세상을
빈 하늘 뜬구름인 양
하염없이 바라보는.

## 가야산

겨울은 늘 푸른 잎만

가신처럼 거느렸구나

저 세속의 길이 날라 온 얼룩을 바라보면

철없이 몸에 감았던 분홍이 부끄럽다.

계곡 아래서 나는 불을 쬐고 있다

외투처럼 그 온기가 어깨를 다독일 때면

섭생의 도를 안내할

한 스님이 닿으리라.

## 이름

자주 먼지 털고 소중히 닦아서
가슴에 달고 있다가 저승 올 때 가져오라고
어머닌 눈 감으시며 그렇게 당부하셨다.

가끔 이름을 보면 어머니를 생각한다
먼지 묻은 이름을 보면 어머니 생각이 난다
새벽에 혼자 일어나 내 이름을 써 보곤 한다.

티끌처럼 가벼운 한생을 상징하는
상처 많은, 때 묻은, 이름의 비애여
천지에 너는 걸려서
거울처럼 나를 비춘다.

## 가계부

1
얼마가 있어도 잔액이란 불안한 현실
가족의 얼굴들이
겹쳐 보이는 숫자
그래서 비상금을 보면
비상구를 떠올린다.

2
오늘 우연히
너와 마주쳤다
이삿짐 속에 싸여 있는
아내의 옷 속에서
숨 가쁜 생의 경영이
밀서처럼
기록된.

3
가시를 세워야 사는
사막의 선인장처럼

너는 이 악물고 우리를 지켜 왔구나
척박한 땅이 껴안은
물기 같은 희망으로.

## 아직도 우리 몸속엔
- 휴전 오십 년


아직도 우리 몸속엔 금속성 파편이 있다
아니다 그 파편은 마음속에 박혀 있다
겨누고 또 겨누어서
엉켜 있는 반세기의 한

마주하면 더워지는
어쩔 수 없는 혈연을
지겹도록 돌아앉아
버티어 온 캘린더 속에
꿈인 듯 기적 울리며
경의선 기차가 간다.

## 저녁 식탁


슬픔으로 구워 낸 둥근 빵이 두 개

기쁨으로 구워 낸 둥근 빵이 하나

포크는 망설이면서

주인을 바라본다

## 탑

탑은 말이 없다 하늘 향한 직립으로
사유의 미립자들이 안개처럼 서려 있어도
유일한 그의 출구는
영원과의 교신뿐.

아침에 일어나 다시 탑을 본다
죽비처럼 선명한 깨우침의 화두를 들고
향 맑은 숨결 숨결이
숲을 이루고 있다.

## 찻잔

사소한 일에도
내 흥분은 수위가
높다

그때마다
찻잔이
나를 다독인다

감정과 이성의 볼륨을
은근히
조절해 준다.

## 가족

1
아버지
두꺼비집
헐렸다 눈 감으셨다
눈, 비와 광풍의
질정 없는 외압 전류를
몸으로 막아 주시던
아버지
잠이 드셨다

2
봉선화 꽃물 들고 수세미 청이 곱고
정아 퇴원하고 농협 빚 갚아 가는데
망연히 전깃줄 위에
제비처럼
앉은
우리

## 전화

저 미로의 언어들은

쓸쓸한 생의 대본

나를 관통해 간

고압의 전류들이

허공에

길을 만든다

아 부르튼

입술로.

# 대

대를 꺾지 말라 꺾일 대를 키우지 말라

권력의 환절기에 대는 이미 없다

있다면 그것은 단지

썩은 정객의 묵죽일 뿐.


나를 쌓는 일은 나를 비우는 일

창궐하는 욕망이 영육靈肉을 흔드는 날엔

고독한 밤을 다스릴

또 한 칸의 방을 올린다.

## 시바스 리갈

시바스-리갈, 씹어서* 이 갈리는 술

그 술병에, 빠져 죽은 독재도 별이 되는 밤

TV를 등지고 앉아

빈 컵에

너를 채운다.

＊ '씹다'는 '쓰다'의 경상도 사투리.

## 눈

처음에는 당신이 나의 소금인 줄 알았습니다

잠시 와서 가슴을 덮던 환각제 같은 그리움

돌아와 손발을 씻고

새벽별 바라봅니다.

## 퓨즈

퓨즈가 나갔다

그리운 어둠의 세계

잠시 얼굴 묻고 이름을 지우는 시간

사위는 부산하지만

아늑하고 달콤한.

## 집안현 集安縣 처녀

내 사랑 아직도 고구려에 살고 있네

거센 파도 꺾어서 말발굽 아래 짓밟던

그 사내 기다리면서

긴 머릿단 다듬고 있네.

## 배

정박지를 몰라서 방황하긴 했지만

내 배는 언제나 사랑을 싣고 다녔네

계절은 그 부두에서 새 리본을 달고 있었고.

갑판 위에 눈이 내리고 햇볕이 쟁쟁거리고

기대선 마음 한켠엔 뚝뚝 낙엽이 지고

알았네, 그 여정에도 사랑이 소중한 것을.

길은 때로 파도였네 또 때로는 폭풍이었네

해진 마스트의 깃발을 바라보면

내 몸을 휘저어 나간 시간들의 얼굴이 있다.

## 피아노

마음에 못질을 하고 누가 떠나갔을까

저녁 상처를 물끄러미 바라볼수록

이별의 빗방울들만

건반 위로 튀어 오른다.


슬픔이나 기쁨을 피아노는 말할 수 없다

그림자에 뒤섞인 저 손끝의 떨림으로

아침이 목련을 빚듯

한 선율을 빚어낼 뿐.

## 노래

옥빛 추억을 애써 캐고 있는

그녀의 깊은 나라엔 봄비가 오고 있다

종소리 노을에 젖은

그곳은 고궁의 뜰….


맨발로 나는 간다 가시넝쿨 밟으며

저 종양의 사악함을 무찔러 이길 때까지

돌 위에 씨를 뿌리며

남은 사랑을 퍼 올리며.

**매화 별사別辭**


춥지요, 춥지요, 당신 기다리며

언 마음 꽃이 된 삼월이 있었습니다

내 다시 창가에 와서

그대 이름 불러 봅니다.

## 서서 우는 비

닫힌 공장 녹슨 철문을 빗방울이 때리고 있다
닫힌 공장 안마당을 빗방울이 쓸고 있다
그 한철 불붙던 음성 거미줄에 사위어 간다.

그렇다 그때 하늘은 희망을 풀어놓고
라인마다 눈빛들이 분주하게 길을 열었지
코너를 돌아 나오며
비는 이제 울음이다.

## 열쇠

참으로 유한한 생의 터널에서
열쇠를 떨어뜨렸다 중년 가장인 그는
겨울이 난간에 서서 잔설을 뿌릴 시각에.

집을 나올 때도
열쇠를 잊곤 했다
돌아와 문 앞에 서서 그는 가끔 생각했다
어쩌면 영영 열쇠를
잃을지도 모른다는.

열쇠를 떨어뜨렸다 중년 가장인 그는
단정한 칼라의 빈틈없는 일과를 위해
지금은 그가 찾아가
열어야 할 방이 없다.

## 삼랑진 강둑에서

돌이라고 만져 보면 모래처럼 푸석거리고

돌이라고 만져 보면 모래처럼 푸석거리고

뿌리를 얻지 못하는

한 마음의

초상화여.

## 석간

오늘을 운반해 온 어둠의 손이 보인다

자살은 언제나 타살로 확인되었다

깨어진 소주병 같은 활자들의 표정을 보라.

# 피

1
손톱으로 살을 파 보면 어둠이 숨어 있다
눈 뜨지 못하는 그 어둠의 채찍으로
내 피는 온몸을 돌며
오늘은 노래한다.

노래한다 그것이 잃어버린 의자라 해도
집 나간 아내라 해도 타 버린 방이라 해도
빈 컵에 담긴 놀처럼
부질없는 꿈이라 해도.

2
어둠을 따라 도는 내 피는 악마의 혼령
슬픔을 걸러 내는 내 피는 천사의 손길
한 줄기 실개천마저
품어 흐르는 강물이다.

## 휴가

아직도 건너지 못한

맹독의 내일이 있다

나는 풀밭에 누워 별들을 헤고 있지만

이 지상 어느 곳에도

영일寧日이란 술과 같다.

## 통화

명퇴당한 아버지와 재수생 딸이었다

얼음 강을 건너오는 저 맨발의 음성 속에도

어둠을 딛고 일어설

강철 같은 봄이 있었다.

## 입원

1
네온이 저마다의 색깔을 토하고 있다
약제실 복도에 서서 밖을 내다본다
발목에 쇠줄을 달고 걸어가는 사람들.

2
식사를 받아 놓고 문득 생각한다
과연 나는 죄수인가 석방된 전과자인가
아니면 병보석으로 잠시 여기 와 있는가.

3
어둠이 모피처럼 따스할 때가 있다
어둠이 신경통처럼 저려 올 때가 있다
초겨울 어둠을 쏠며 서 있는 가등街燈이여.

## 실업

길이 짧아졌다

제출할 서류가 없다

커서는 신호등처럼

쉴 새 없이 깜빡이지만

화면엔

초점도 없는

허공이

걸려 있다.

## 산인역

팔월 하순 다 낡은 국밥집 창가에 앉아

온종일 질척이며 내리는 비를 본다

뿌리도,

없이 내리는

실직 같은 비를 본다.

철로 건너편엔 완만한 산자락

수출처럼 부산하던 철쭉꽃은 지고 없는데

살아서 다졌던 생애의

뼈 하나

묻히고 있다.

## 사막

이 시대의 잔 속에는

사막이 누워 있다

어떤 이름의 액체가

담겨 있어도 마찬가지다

만나고 마신 뒤에도

갈증만 더 깊어지는.

병든 대지의 타 버린 환부 같은

폭발을 꿈꾸고 있는 어둠의 뇌관 같은

음모의 잔을 나눌 때

아, 씹히는

모래의 말들.

## 발에게

그래 오십팔 년간 자네가 나를 날랐네

영혼이나 육체 그런 구분은 의미가 없네

묵묵히 한생의 무게를

감당해 온

신뢰밖엔.

# 수저

목마른 길을 건너서 네가 왔다 식탁 위에

데친 배추나물 조린 잔멸치들

그것이 눈물인 것을 너는 알고 있다.


간사한 입맛과 짐승 같은 목구멍으로

한동안 네 노동은 바닥없는 탐욕이지만

땀 젖은 구두를 보면

다시 아득해진다.

## 벚꽃은 떨어지면서

벚꽃은 떨어지면서 제 살을 흘는다

탈색된 울음이 쌓이는 나무 아래로

철 지난 유행가들만 우르르 몰려다닌다.

## 방문


나무들이 하녀처럼 길을 안내할 때

주인은 문 앞에 서서 우리를 맞고 있었네

보도엔 엷은 햇살이

리본처럼 펄럭거리고.

## 신문

사람들의 말 속에는 언제나 갈퀴가 있다

타고난 포유류의 야성을 감춰 보지만

급박한 상황 앞에선 얼굴을 내밀고 만다.

그런 아침 식탁에 앉아

우리는 신문을 본다

활자들이 건져 올리는

불바다의

세상 속으로

화농의 상처를 입으며

꾸역꾸역 걸어간다.

## 봄

수피樹皮 속엔 어둠을 쫓는

물소리가 요란하다

그것들이 상처에 닿으면

죽창 같은 잎을 내민다

어혈 진 가슴을 푸는

이 화해의 영토 위에서.

## 향리
- 부곡에서

아직도 나를 내려 줄 눈 익은 정거장 있다
아직도 나를 기다릴 눈 익은 사람들 있다
아직도 쓰다 두고 온 눈 익은 수저 있다.

봄 오면 걷곤 했던 아지랑이 들길 있다
그 들길 끝에 가서 누님 같은 강물 보고
집으로 되돌아올 때 웃어 주던 덕암산 있다.

# 늪

햇볕 들다 만 고요의 수렁이라도

늪에는 범할 수 없는 초록의 혼이 있다

우포는 수십만 평의

그 혼의 영토다.

새가 와서 노래를 하고

풀씨가 꽃을 피우고

깨어져 혼자 떠돌던 종소리도 쉬다 가지만

생명의 여인숙 같은

이곳엔

거절이 없다.


편한 대로 닿아서

스스로 생을 가꾸는

배려와 위안의 따뜻한 나라여

늪에는 범할 수 없는 초록의 혼이 있다.

## 마산교도소
- K에게

1
잎이 진다 바람이

언덕에서 내려온다

시월은 과일들의

과육을 보살피다가

민원실 입구에 닿으면

겨울옷을 차입한다.

2
따스한 눈빛만이

가장 확실한 격려

굴곡 많은 네 이마의

상처를 바라보다가

벨 소리 나기도 전에

면회실을 빠져나온다.

## 도시

빌딩을 성곽처럼 여겨 온 사람들에게

라덴*은 부르짖었다

그것은 모래라고

모래는 모르는 미래, 불안의 미립자들….


퇴근을 하고 와서 명함을 정리해 본다

입 다문 글자 속에도 스며든 상처가 있다

그 상처 쌓아 올려서

집이 되는


* 빈 라덴. 사우디아라비아 출신으로, 테러 조직 알카에다의 창립자.

아파트여.

## 모자

내겐 챙이 드리운 엷은 그늘이 있다

그것이 내가 일용할 사유의 양식이다

태양이 없는 날이면

칙칙한 늪과 같다.

은밀한 일이 있고 몰래 지닐 꿈이 있을 때

방문 닫아걸고 혼자 별을 본 적 있는가

고적孤寂은 그 분화구의 정수리에 있는 모자다.

문을 열면 몰려드는 엉클어진 벽과 길들

그 언덕을 걸어가는 지친 이마 위에

안식의 꿈을 없는다

너는

별빛처럼.

## 복숭아

연지 찍은 조선 백자 기다림의 살결이다

유약과 불바다의 격려와 시험을 건너

수지운 미소를 입고

따스한 체온도 지닌.

## 빗방울

새벽 유리창에 빗방울이 매달려 있다
그저 빗방울이다 단순한 빗방울이다
일부러 표정을 살펴 의미를 짓지 말자.

빗방울이 그러나 빗방울만일 수 없는 것은
우리네 마음이 지닌 상처들 때문이다
잠들지 못하는 상처 그 울음들 때문이다.

**밀양**

내게 말 걸어 주던 소녀들은 가고 없지만

오버 깃을 세우고 영남루에 올라서면

아직도 내리고 싶은

마음의 역이 보인다.

## 봄밤

봄밤이 피어서 유채꽃밭 같다

봄밤이 익어서 딸기잼 색깔 같다

봄밤이 너무 깊어서

두고 못 올

꿈속 같다.

## 무덤

이곳에 닿기 위해 갖춰야 할 것들은?

사체 일 구 사망진단서

곽 하나 땅 두 평

자신을 침몰시켜 온

병마 같은

냉소주의?

끈을 풀어라, 풀어라 끊어라

날아가라 다시, 다시 날아가라

엎어진 술잔 속에서

너는 웃고 있다.

## 두포리 서신
- 유재영에게


우린 서로 무엇인가 한 구원의 이름인가
마음의 창인가 탐욕의 경쟁자인가
계단을 함께 오르는
우연한 길동무인가.

별을 가꾸던 십대를 보내고, 사랑의 이마를 짚던 이십대를 보내고, 분노의 활을 쏘던 삼십대를 보내고, 세속에 몸을 섞던 사십대도 흘러갔다.

이제 눈앞에 보이는 건 신기루일 뿐

노래할 그 무엇이 남아
방황해야 하는가.

들것에 실려 나가는 상처 입은 꿈들을 보며
생애를 운반해 가는 가파른 파도를 보며
너에게 편지를 쓴다
적막한 이 포구에서.

## 버들리 1

서방 죽고 남은 목숨 외아들 하나로 이었네

그 아들 타관 가고 홀로 빈방 지키면서

달 차면 밀물 들어와 파도가 아팠네.

버들 버들 버들리 봄빛이 푸르렀네

새로 눈뜬 바닷물도 비단처럼 푸르렀네

청춘의 다 못 짠 피륙 눈물 더욱 푸르렀네.

혈혈단신 깜빡이는 한 점 먼 어등魚燈처럼

절며 절며 이고 온 고실댁 하늘에는

그 아들 모습도 닮은 달 하나 살고 있었네.

# 버들리 2

벤치에 앉으면 누구나 신도가 된다

사제司祭는 없다

눈앞엔 바다뿐이다

초록을 찢어서 만든

불타는

경전의 바다

## 버들리 3

사막 같은 생이 가슴을 짓누를 때면
버들리는 내 마음이 몰래 정한 망명지다
바다가 간호사처럼
그 절망을 보살피는 곳.

버들리 벤치 뒤엔
담쟁이넝쿨이 있다
손과 손을 이어서 버들리의 숲이 되는
버들리 마음을 그린
따뜻한 벽화가 있다.

## 기러기 1

죽은 아이의 옷을 태우는 저녁

머리칼 뜯으며 울던 어머니가 날아간다

비어서 비어서 시린

저 하늘 한복판으로.

# VI.

나를 운반해 온 시간의 발자국이여

## 사무실

시계가 눈을 비비며

열두 시를 친다

반쯤 남은 커피잔은 화분 곁에서 졸고 있고

과장은 혀를 차면서 서류를 읽다 만다.


문은 굳게 닫혀 있고

의자들은 말이 없다

창밖엔 클랙슨 소리 목쉰 확성기 소리

자세히 들여다보니

벽에도 금이 가 있다.

## 꽃

1

꽃들은 보충질문처럼 조금씩 열려 있다
벌들은 그 문을 잘 알고 드나든다
친수성親水性 잎들이 빚은 신록 같은 아침에.

2

스스로는 알 수 없는 생의 유한 때문에
항상 웃고 있지만 슬픈 바코드다
꼭 한번 맞고 싶었던 이 절정의 순간에도.

3

언젠가 일궈야 할 나만의 영토를 위해
상처만큼 더 깊숙이 문신을 새기며 산다
향 깊은 목숨일수록 억센 가시 세우며.

4

유통기한 지난 것들은 사체처럼 부식한다
전율과 응혈이 그 안에 담겨 있다
받은 명 곱게 익혀서 씨앗으로 남기기 위해.

# 부록

1
각주도 나보단 팔자가 낫다고
뒤 페이지에 앉아서 투덜거릴 때가 있다
세상이 그런 불평을 받아 주진 않지만.

서언序言처럼 유려하게 얼굴을 내밀 수 없고
결론처럼 화끈하게 주장을 펼 수 없다는
카니발 뒷좌석에 앉은
부록들의
불만을.

2
아내의 성화에 못 이겨 전셋집을 옮기고
아들의 고집으로 전학을 시키면서
김 씨는 어쩌면 자기가
부록 같은 생이라고?

## 비 2

연잎 같은 두 귀가
밤비 소릴 듣고 있다
빗방울은 지금 화해의 손길이다
오래된 신경통처럼
불면을 부추기지만.

철없는 가을이 서둘러 엎질러 놓은
저 질펀한 선홍을 한 잎 한 잎 닦아 내며
내리고 내리고 있다
밖에서
또 안에서.

## 이별 노래

능금은 없다 능금은 없다
첫사랑 마음 같은 시월 하늘 아래
영글어 빛난다 해도
다디단
능금은 없다.

그렇다 가슴에 우렁 껍질 흝쳐 놓고
때 되면 날아가는 우포늪 철새처럼
담담히 나를 다스릴
떡켜 같은
손이 있을 뿐.

## 새벽

기다리는 사람에게만 새벽은 새벽이 된다
봉두난발 상처뿐인 제 가슴 쥐어뜯으며
유백의 찻잔을 만드는
어느 도공의 기도처럼.

길은 아직 헝클린 채 안개 속에 묻혀 있는데
오늘이 펼쳐 주는 희디흰 여백 위에
새로운 출발을 권하는
아, 숨 가쁜 초인종이여.

## 안경

껴도 희미하고 안 껴도 희미하다

초점이 너무 많아

초점 잡기 어려운 세상

차라리 눈 감고 보면

더 선명한

얼굴이 있다.

# 링

와지마 고이치를 아는 이는 별로 없다
그를 쓰러뜨렸던 유재두도 마찬가지다
시간은 지난 영웅을 빠르게 지워 버린다

그러나 도처에 사각의 링이 있다
부지런히 팔을 내밀어 자신을 지키거나
의외의 펀치를 맞고 쓰러지는 경우뿐인

오늘 또, 준비 없이 링 위에 올라야 한다
나를 옥죄어 오는 피치 못할 옵션 때문에
생애의 스파링이란
가파르기 검과 같다

## 흉터

나를 운반해 온 시간의 발자국이여
상처를 꿰매고 요오드를 바르는
가파른 생의 기록을 너는 남겨 놓았구나.

서투른 보행으로 걸려 넘어지고
스스로 힘겨워 무릎을 꿇기도 했던
지금은 추억으로만 다가오는 이름 이름들.

망각이 결코 미덕만은 아니다
칠흑이 비춰 주는 별빛의 형형함으로
새로운 행로를 위해
나는 너를 읽고 있다.

## 상처

사나운 폭풍이 선창을 흔든다
멀미처럼 뒤집어지는 하류의 토사물들
찢어진 어망을 사리는
어부는
말이 없다.

수박 모종 빚내어 헐한 희망 심어 놓았던
물바다 된 강가 밭 가물가물한 이랑 끝에서
빗줄기 맞으며 서 있던
아버지
모습 같다.

# 웃음

향그런 찻잔 속에
웃음이 담겨 있다
웃음은 화사한 인화성 물질이다
서서히
내부를 뎁히는
섬세한 신경세포.

어둠이 미처 못 지운
잔광 몇 올들이
호수에 뜬 수련잎처럼
둥글게 원을 그릴 때
날이 선 그대 눈빛도
잠시 꿈에 젖는다.

## 드라이브

바퀴엔 질주의 욕망이 감겨 있지만
나는 늘 브레이크처럼
세상을 두려워한다
거쳐 온 터널의 기억이
그 어둠의 배경이다.

관기官妓처럼 몸에 익은 교태의 봄을 향해
아직도 퇴거 안 한 겨울을 걷어 내며
바퀴는 나가려 하지만
바퀴는 나가려 하지만.

## 성묘

봄비가 외투 자락을

적시며 오고 있다

내일을 위해 읽었던

어둠의 교과서 같은

골 깊은 어머니 생애

여기 잠드셨다.

## 호수

팽팽한 수면이 고요를 이루고 있다
받들면 받들수록 가볍지 않은 무게
호수는 수련잎처럼
따스한 녹색이다.

나는 창을 열고
그 표정을 들여다본다
잊고 있던 상처의 핏빛 울음 같은
내 안의 비밀까지도
거기 엉켜 있다.

## 가족사진

반쯤은 젖어 있는 어제들이 여기 있다
망각하면 더 편안한 불행의 여러 이름들
그러나 지울 수 없는 바퀴 자국이 선명하다.

생은 길모퉁이 행상처럼 고달팠다
땀내 나는 얼굴들을 하나둘 들여다보면
그 상처 나누어 가졌던 지혜도 스며 있다.

## 자리

야생초 꽃잎 같은 나비들이 날아다니고
철거된 청사 벽돌만 흩어져 있는 구석에
아직도 품위를 갖춘
안락의자가 남아 있다.

'한때 피 튀기는 계략이 있었을 거야'
'스스로의 오만에 취해 한껏 부풀어 올랐을 거야'
철없는 봄 햇살들이
깔깔대며 떠들고 있다.

## 치과에서

마침내 병든 노을이 잇몸까지 스며들었다
탐욕이 씹어 삼켰던 육질들의 보복이리라
강자라 믿었던 존재의
쓸쓸한 부식이여.

세계는 언제나 미세한 혁명뿐이다
굉음처럼 펄럭이는 군중의 깃발 뒤에도
차디찬 모반을 심는
안 보이는 손이 있듯이.

## 휴대폰

쉽게 열리지만 쉽게 열 수 없고
쉽게 닫히지만 쉽게 닫을 수 없는
금속성 음성을 가진
휴대폰은 오늘의 표정.

돌아보면 황량한 이 세상 모퉁이에서
어쩌다 손잡고 가는, 마음 못 준 길동무처럼
닫아도 또 열어 봐도
먼저 닿는 불안이여.

## 노리*

시인 박서영이 탐내던 작은 집들
노을을 받으면 난초처럼 귀를 열고
앞 강물 뒷산의 말씀 다 들으며 서 있다.

내 친구 규식이가 야간학교 진학하려다
끝내 마련 못 한 입학금 같은 가난을
아직도 베개 해 살며 미소 짓는 사람들의.

* 경남 창녕 부곡에 있는 지명.

## 장맛비

과수 홀로 청 끝에 앉아
장맛비를 보고 있다
추적추적 훌쩍훌쩍 장맛비를 보고 있다
장맛비 젖은 머릿단
하염없이 보고 있다.

잠든 마음의 상처
죽순처럼 일어서면
사선으로 내리꽂히는 빗줄기 앞세우고
그 사랑
몸을 섞을 듯
아슬아슬
바라보며.

## 폐가

녹슨 수저 몇 벌 살강에 얹혀 있다
일용하던 주인은 주민등록을 옮기고
마당엔 엉겅퀴들이 만장輓章처럼 펄럭인다.

살붙이들 저마다 따로따로 흩어지고
쓸쓸해라 폐가는 방마다 문을 열어
언젠간 꼭 올 것 같은 식구들을 기다리네.

연기 나던 굴뚝 정 붙이던 대청마루
이제는 구색 갖춘 아파트 식탁에서
커피잔 매만지면서 이 풍경 기억해 줄까.

## 기러기 2

만장輓章처럼 젖은 글발이 하늘에 펄럭인다

저 횡서의 상형문자를 달빛에 비춰 보면

추억을 현상해 내는 미세한 필름이 있다.

## 낙동강

물은 흙을 기르고 흙은 풀을 기르는
그 터에 오곡 가꾸며 사람들이 살았네
굽그릇 목항아리 등
다소곳이 차려 놓고.

목마른 눈썹달이 새벽길에 넘어지면
강은 제 치마폭으로 다정스레 안아 주어
한세상 겨운 시름도
풀꽃형
금관 같았네.

## 오월, 맑음

배우지 않은 악보를 새들이 읽고 있다
리본을 단 햇살들은 바람에 하늘거리고
어젯밤 꾸었던 꿈을 소녀들은 헤고 있다.

서둘러 걷게 했던 우리 생의 기호들
오늘은 풍선처럼 가슴 설레어서
묶였던 일상을 풀고
끝없이 날아오른다.

## 종점

몇 사람은 아직도 깨어나지 않는다

기사가 화를 내며 고성을 질러 보지만

아무런 미동도 없이 잠에 빠져 있다.

하루치 생의 비용이 저리도 무거운 것인가

하루치 생의 그늘이 저리도 깊은 것인가

창밖엔 어둠을 밀치며

가등街燈들이 불을 뿜는다.

# 옷

1
할머니 한 분이
수의를 다리고 있다
다가올 여행을 위한
설레는 준비라며
노을이 마루 끝까지 조심조심 깔리고 있다.

2
애육원 뜰 앞엔 두 소녀가 앉아 있다
연보라 티를 똑같이 입고 있다
언니가 보라는 듯이 싱긋 손을 흔든다.

## 진해역

시트콤 소품 같은 역사 지붕 위로
누가 날려 보낸 풍선이 떠 있다
출구엔 꽃다발을 든
생도 몇 서성이고.

만나면 왈칵
눈물이 쏟아질 듯한
오랫동안 잊고 살았던 그 순백을 만나기 위해
이 나라 사월이 되면
벚꽃빛 표를 산다.

**모교**
- 부곡초등학교


아편 같은 봄 햇살에 실눈을 떠 보면
배급 우유 억지로 먹고 배를 앓던 개울가엔
아직도 말수가 적던
내 짝지의 신발이 있다.

바람은 자주 나뭇가질 흔들고
나뭇가지가 가리키던 끝없는 하늘길로
수만 번 새겼던 희망
돌팔매로
날리던 곳.

## 촌락을 지나며

봄볕 겨운 마을에 복사꽃은 피고 있었네

복사꽃은 피어서 마을을 덥히건만

그 꽃잎 곁에서 환할 처녀애들 보이지 않네.

## 아, 봄

마산 남부터미널 우체통 곁에는
막 버스에 내린 주부가 신경질적인 표정으로
남편의 비뚤어진 넥타이를
연신 고치고 있다.

남편은 멋쩍은 듯
헤픈 웃음 흘리고
그 웃음의 올이 풀어져
햇살과 섞이는 사이
몇 장의 들뜬 편지들이
분홍으로 익고 있다.

## 덕유교육원

영산홍 꽃잎들을 바람이 흔들고 있다
넋 나간 여인은 치맛자락만 날릴 뿐
계단에 흩어진 신발도
정돈하질 못한 채.

물은 흐르면서 노래를 남기고
그 노래 감돌아 정원은 향기롭고
하늘이 너무 맑아서
마을엔 잔치가 있네.

## 유운연화문*

익숙한 표지 위에 얼굴을 비벼 본다.
그리운 가슴들이 눈시울을 적시고 간
영원히 시들지 않을
감성의 지도 위에.

시인은 가셨다
맑은 어느 겨울날
날아가 닿고 싶다던 머언 먼 기슭으로
한 권의 시집 속에다
전 생애를
부려 놓고….

* 박재두 시인의 시집 이름.

## 열쇠

세상은 고비 때마다 열쇠를 만든다
평범한 사람들은 그 열쇠를 볼 수가 없고
영악한 몇 사람만이
피 흘리며 뺏어 가진다.

시간이 지나고 보면 열쇠란 재앙 같은 것
못 가져서 평온했던 가난한 손길들이
가져서 상처를 지닌 영혼을 보살핀다.

## 조화

조화造花를 비웃는 건
조화롭지 않다
낡은 방식과 구태의연한 사고
아직도 그 포장뿐인
너는 숨 쉬는 꽃일까.

그래 나는 조화다
당당한 정물이다
시시각각 변해 가는 커피숍 대화 곁에서
온몸에 아픔을 감고
시대를 읽고 있는.

# 시

무릇 시란 정신의 핏빛 요철이므로
장님도 더듬으면 읽을 수 있어야 하리
집 나간 영혼을 부르는
성소의 권능으로.

얽힌 말의 실타래 같은
이미지의 굴레 같은
그 터널을 절뚝이며
내 독자는 걸어왔구나
그러나 양파 속이여
아 드러날
허방이여.

## 손톱

봉선화 꽃물 들이던 손톱이 아니다
밤새 울며 물어뜯던 그리움이 아니다
용안을 할퀴며 날뛰던 후궁의 혼도 아니다.

들일하다 돌아온 마음씨 착한 우리 형수님
무심코 본 손톱의 반달이 희미하다
무좀이 번져서일까
외로움이 깊어서일까.

## 십일월

무딘 감성이 꾸역꾸역 토해 내는

시든 형용사 같은, 철 지난 부사 같은

이제는 더 줄 게 없어

돌아앉은 퇴기退妓 같은.

**서우승에게**

벚꽃 환한 이 봄날에 비보가 닿았네

하늘 향해 더럽게 침 한번 뱉어 보네

이제는 욕할 친구도

욕해 줄 친구도 없네.

## 월평을 읽으며

월평을 경전처럼 받들던 때가 있었다
말들을 길들이고 자유에 경고를 주던
서글픈 눈치 보기가
젊은 한때의 공부였다.

노을처럼 흩어진 감정의 파편을 보며
깨어진 거울에 비친 사물들의 음영을 보며
철없이 내가 믿었던
그 독서는
끝이 났다.

지금도 월평을 가끔 읽곤 하지만
어구들의 성찬이 만든 어설픈 문맥을 보면
지워진 어제가 떠올라
쓰디쓴 미소 짓는다.

## 봄, 부산약국

흰 가운의 여인이 햇볕을 잘게 썰어
봉지에 담고 있다 따스한 미소와 함께
어두운 사람들이 와서 그 희망을 사 간다.

꽃들은 리본을 달고 창 앞에서 하늘거리고
하늘은 약속처럼 한없이 맑아서
가벼운 신발을 신은
소녀들을 설레게 하고.

## 물

식은 채로 병 안에 나는 갇혀 있다
한때 나를 지켜 주었던 견고한 이 질서가
지금은 나를 죽이려
뚜껑을 닫고 있다.

# VII.

주민등록증

## 시작詩作

아직도 못다 새긴 자화상이 있어서

잦아 가는 육신에 기름을 붓고

밤마다 나를 태워서

더듬더듬 너를 그린다.

## 관계

횡선과 종선은 우연히 만났지만
그 순간 어쩔 수 없이 각도가 생겼다
각도는 원치 않았던
그들 내면의 상처였다.

그저 달무리처럼 둥글고 싶었을 뿐
빗금이 되어서라도 부딪히고 싶진 않았다
그러나 어쩔 수 없이
각도가 생겼다.

눈 감으면 각도는 칼날처럼 떠올랐다
그 칼날은 밤새도록 어둠을 물어뜯으며
아침이 닿을 때까지
파도치며 울곤 했다.

## 낮술

삼십 년 된 서점을

퓨전 술집이 밀어 버렸다

도시는 쉽게 이윤과 손을 잡지만

하수구 밑으로 흐르는

신음 소릴 듣지 못하지.

초록의 숲이 숨 쉬던

정원 같은 이 자리에서

나는 목말라 빈속에 술을 마신다

그것이 복수인 것처럼

꾸역꾸역 술을 마신다.

## 감정

낡은 소설책처럼 아무 데나 놓여 있다

특별히 주인이 되어 챙기지도 않아서

철없는 무수리처럼 질정 없이 펄럭인다.

그래도 칸나가 태양을 닮아 가듯이

너는 너도 모르게 나를 닮아 가리라

금이 간 타악기처럼 목쉰 노래 부르며.

## 카페 피렌체

여기 내 사랑의 피렌체가 있다

두오모 대성당이 기도하며 간구해 온

일용할 안식과 평화가

고요히 깃들어 있다.


거리에 눈, 비 오고

성근 마음 펄럭일 때도

티본 스테이크를 즐기는 여행객처럼

단테와 마주 앉아서

나는 차를 마신다.

## 만년필

묵은 앨범의 먼지를 털다가
우연히 녹이 슨 만년필을 발견했다
스스로 울음 울면서 한 시대를 기록하던 것.

몇 번이고 다시 잡고 속엣말을 건네 본다
"서툴러도 때 묻지 않았던 그 마음이 그립다"고
녹이 슨 그의 얼굴은
아무런 대답이 없네.

물이 마른 호수처럼 만년필은 금이 가 있다
인적 끊긴 호수처럼 만년필은 적요하다
그처럼 나의 인생도
멀리 와 있을 것이다.

## 서랍

인내를 갈무리해 온 고요한 명상의 나라, 밀회처럼 숨겨 온 달콤한 비밀의 나라, 희망을 가꾸기 위해 간직해 온 지혜의 나라….

시든 꽃다발은 꽃다발이 아니다
또다시 빚어야 할 신생의 아침을 위해
수없이 열고 닫으며
나는 나를 다그친다.

## 우울한 캘린더


쉽게 접을 수 없는 욕망의 날들이다

쉽게 접을 수 없는 노동의 날들이다

접을 수 없어서 겪는 상처의 이름들이다.


나는 살려고 머리를 굴려 보지만

나는 살려고 어금니를 깨물어 보지만

오늘도 빙벽에 걸린 로프 줄 같은 너를.

## 다리미

한 여인이 떠났습니다, 월요일 자정 무렵
아들, 딸은 멀리 있었고 아무도 몰랐습니다
가끔은 들렀다지만
온기라곤 없었습니다.

식은 다리미처럼 차게 굳어 있었습니다
그 다리밀 데우기 위해 퍼져 있던 코일들이
전원을 찾아 헤매다
지쳐 눈을 감았습니다.

한때는 뜨거운 다리미로 살았겠지요
웃음도 체온도 나눠 주던 얼굴이지만
전원을 잃어버리자
그만 눈을 감았습니다.

## 프로필

새로 나온 시집을 안고
잠시 조는 때가 있다
그러다 깨어서 표지를 넘기면
우연히 사진 아래 있는
프로필을 읽게 된다.

어쩌면 낯 붉어지는 수다구나 싶다가도
지나온 행로의 외로움을 떠올리며
차라리 이렇게라도
위로받고 싶어진다.

## 모자점에서

모자들 앞에 서면 자꾸 망설여진다

근엄한 것도 있고 가벼운 것도 있지만

이럴 땐 나의 존재를 저울질하는 것 같다.

모자가 언제나 무거울 필요는 없다

아내는 그러나 근엄한 것을 권하고

변명을 늘어놓으며 나는 자꾸 도망치고….

## 주민등록증

가느다란 가지 끝에 새처럼 앉아 있었다
가지들 흔들릴 때면 옮겨 가며 앉아 있었다
옮겨 간 그 가지마다 너는 나와 함께 있었다.

이제 남은 반백과 희미해진 지문 앞에서
손 흔들 사이도 없이 빠져나간 시간 앞에서
나라고 외치는 너를 물끄러미 바라본다.

지상에서 나의 기거를 증명해 온 기록이여
숨 가쁘게 달려온 내 삶의 방향이여
수십 번 넘어지면서도 웃고 있는 얼굴이여.

## 혈연

아직도 본 적 없는 외손녀 사진이 왔다

갸름한 얼굴과 도톰한 입술을 가진

눈빛이 따스한 천사를

거실에 모시려 한다.

서럽고 외로워 잠을 못 이룰 때

용서할 수 없어서 주먹을 불끈 쥘 때

이 사진 바라보면서

나를 타이르리라.

## 동백꽃

1
나도 한 번쯤은 부르고 싶은 이름이었다
누천년 바닷물이 깎아 세운 절벽 앞에서
제 젊음
다 꺾어 들고
낙하하는 저 순명을.


2
엄동에도 청청한 아름다운 메타포여
잘 벼린 검처럼 서슬 퍼런 잎 사이로
농염한 입술을 내미는
아, 남도의
그리움.

## 삼랑진역

낙엽이 쌓여서

뜰은 숙연하다

노인 혼자 벤치에 앉아

안경알을 닦는 사이

기차는 낮달을 싣고

어디론가 가고 있다.

## 이명耳鳴

가려서 들을 수 없는 귀의 숙명이여

오늘은 문 닫아걸고 제 한恨의 소리로 운다

이 세상 마른 갈밭을

휩쓸고 가는 바람 소리.

## 코스모스

여름 한창인데 코스모스 피었습니다

진이는 철없다고 꽃들 꾸짖지만

지 맘도 먼저 가 피어

철없는 걸 나는 압니다.

빗방울 때려서 고개를 숙이면

세상 힘겨워 먼저 진 꽃잎들이

헤어진 이름들처럼

그립고 애틋합니다.

## 교각 위에 피어 있는 네 송이 들꽃을 보며

철없이 날아와 꽃이 된 운명들

바람만 살짝 불어도

까르르 웃곤 하지만

외로움 어쩌지 못해 함께 손 잡고 피었다.

## 키스

자주색 등꽃이

어깨 위에 출렁거리고

노을이 휘장처럼 주위를 감쌀 즈음

갑자기 나의 격정이

그녀의 입술을 훔쳤다.

밀감처럼 달콤한 약속도 아니어서

엉겁결에 맛본 씀바귀 향이었지만

그 봄에 내 정신의 키는

십 센티나 웃자랐다.

## 부곡온천

여기 하늘이 내린

은혜로운 물이 있다

육신을 씻으면 마음 먼저 맑아지고

마음을 먼저 씻으면 육신 함께 더워 오는.


뒤에는 덕암산 앞에는 낙동강

배산임수 구도 속으로 영험한 수맥이 흘러

이 고장 어진 사람들

목숨처럼

가꾸며 산다.

## 장독

　채송화꽃이 피면 비 잦은 여름이 되고, 붉은 고추 널려 있으면 하늘 맑은 가을이 되고

　함박눈 얹혀 있으면 귀 시린 겨울이 되고….

　언제 보아도 둥글고 넉넉한 품

　엄니 맘씨 같은 간장 된장 익혀서

　시집간

　딸네까지도

　나눠 주는 인정이었네.

## 연필

아직도 시를 쓸 때
나는 연필이 좋다
써서 간직하기보다 지울 일이 많아서
지우다 또 생각나면
다시 쓰기 쉬워서.


새벽에 일어나 연필을 깎으면
목질木質이 전해 주는
숲의 향기 같은
잠 덜 깬 나를 흔드는
향그러운 숨결이 있다.

## 환승역

깃발 들고 반겨 줄 친구도 없는 곳이다

찻잔 놓고 담소할 시간도 없는 곳이다

수많은 군상 속에서

찾아야 할

길 있을 뿐.

아직도 여행은 끝나지 않았다

닫힌 오늘과 열어야 할 내일의 선로

열차는 삐걱거리며

쉬지 않고 가야 한다.

# 틈

그가 먹어 보라고

블루베릴 건넨다

어릴 때 못 먹어 본 이름도 낯선 과일

나중에 먹겠다 하고 그냥 밀쳐 놓는다.

눈에 익지 않으면 혀끝에도 닿지 않는

아직도 길 안 든 우리 식성의 차이만큼

그대와 나 사이에는

안 보이는 틈이 있다.

## 커피에게

나를 녹여서 너를 마시고 싶다

너를 녹여서 나를 마시고 싶다

덩이 진 그리움까지 다 저어 마시고 싶다.

## 밀양역

이별도 눈물을 버린 지 오래되었다

역구에는 잡담과 일회용 웃음뿐이다

그래서 나는 언제나 비 오는 날의 역이 좋다.

쓸쓸히 펄럭이다 연기처럼 잦아지는

천왕산 노을 같은, 위양못 안개 같은

무봉사 종소리 같은

그리움의 식구들….

## 아직도 우리 주위엔 직선이 대세다

아직도 우리 주위엔 직선이 대세다
바로 지시하고 바로 반응하고
길들은 산을 뚫어도 스트레이트로 뻗어야 하고.

건물들은 눈치껏 가로 세로를 맞추고
사람들은 안전선 밖에 일렬로 서야 하고
아직도 우리 주위엔 직선이 대세다.

쉽고 편하고 강하다고 생각하지만
직선은 굳으면 칼날이 된다는데
아직도 우리 주위엔 직선이 대세다.

### 낡은 비유지만

초록 숲은 무성하고 새들은 노래하고, 산의 정령인 양 샘물은 반짝이고
꽃들은 바람을 따라 흔들리며 피고 지고.

자연의 이 섭리를 누가 무용타 하리
자연의 이 운행을 누가 가로 막으리
꽃 피고 또 꽃이 져서
씨앗이 맺히는 것을.

## 브라운관의 미녀들

서울말을 잘하는 미녀들이 나와 있다
그들은 숨 막히는 오늘을 말하지 않고
겪었던 어제의 편력만 가십처럼 풀어놓는다.

그렇다 우리도 가십처럼 듣고 있다
평양에도 쌍꺼풀 수술을 한다거나
세 번째 탈출을 해서 성공한 얘기에 대해.

태연히 말하고 재미있게 들을 뿐이다
아무도 그 이상은 생각하려 들지 않는다
두고 온 혈육 생각에 가슴 미어지면서….

## 징

너를 두드리면 왜 울음이 되느냐
너를 두드리면 왜 노래는 안 되느냐
울음이 노래란 말이냐 울음은 오직 울음일 뿐이냐.

놋쇠 판 쟁반이여
신명의 불꽃이여
채 끝에 감긴 헝겊도 부질없는 눈가림이다
이 풍진 세상살이를 울고 넘는 강물이여.

## 반도 빌딩 안내도

일층은 경양식집
이층은 커피숍
삼층은 주점
사층은 노래방

마지막 관문을 열면
야누스 모텔이 있다.

**구두에게**

오늘은 밟히어도 내일은 일어서리라

눈치 없는 오기가 먼 길을 가게 하지만

그것이 너를 벼리어

다시 맞을 아침이 되리.

# 굽

굽이 낮으면 발은 외려 편하고

발이 편할수록 먼 길도 가벼운데

주인은 머릴 조아려

왜 굽만 높이려 하나.

## 시계

바로 가고 있다지만 실은 원을 그린다

실은 원을 그리지만 바로 가고 있다

지구가 도는 것처럼

사람이 사는 것처럼.


부지런한 가족들이 바쁘게 가고 있다

저마다의 보폭으로 허공에 선을 그으며

불온한 이승의 난간

조심조심 건너고 있다.

## 자가용

돌아와 목덜미에 다정스레 손을 얹으면

내 준마는 눈빛으로 내게 말해 준다

먼 길은 아니었지만 우린 서로 믿고 왔다고.

몸에는 아직도 열기가 식지 않았다

거리는 스산하고 행로는 가팔랐지만

언제나 한 몸인 채로 같은 길을 건너온 우리….

돌아와 목덜미에 다정스레 손을 얹으면

내 준마는 눈빛으로 내게 말해 준다

여정이 멀다고 해도 우린 함께 갈 수 있다고.

## 염색

희끗희끗한 시간 위에

칠흑을 옮겨 본다

좁쌀만 한 두드러기가

금방 솟아오른다

어쩌면 너무 당연한 몸의 저항이다.

궁색한 보호색이고 쓸쓸한 위장이지만

이 또한 사는 법이니 어쩔 도리가 없다

초겨울 갈대꽃 같은

한기寒氣가 뼈에 스민다.

## 어머니

아직도 내 사랑의

주거래 은행이다

목마르면 대출 받고 정신 들면 갚으려 하고

갚다가

대출 받다가

대출 받다가

갚다가….

## 눈은 내리는데

쉽게는 못 내보일 근심 하나 품에 안고

자는 듯 돌아누워 아내는 밤을 샙니다

그 모습 몰래 훔치던

나도 따라 밤을 샙니다.

## 박재삼 문학관

햇살 반짝이고 바람도 하늘거리고

눈앞엔 가을 바다가 비단으로 깔렸는데

주인은 어디 계신지 기척도 없어라.

평생 지고 살았던 뼈아픈 그 가난, 부릴 데 없어서 헤매고 계시는지

노래만 방방이 남아 가슴을 적시더라.

밤 되면 집필실에 잠시 오셨다가, 별빛도 시정 불빛도 하염없이 바라보며

이제는 기쁜 노래만

부르고 싶다 하시리.

**이메일**
- S에게

어느 산촌일까

하늘엔 별이 많다

쟁여 둔 주소들은 하나씩의 나의 미로

불현듯 이 길을 따라

전하고픈

소식 있다.

## 틀니

부산 일식집에서 초정을 모신 적 있다
말씀 새겨들으며 후식 차를 마실 즈음
물 담긴 큰 대접에다 틀니를 헹구셨다.


지금 내 나이 그쯤 된 것 같다
이는 아직 붕어 잔뼈도 씹어 삼킬 만한데
시어는 날이 안 서서
틀니보다 더 쓸쓸하다.

## 구두

조금씩 지루할 무렵
그가 구두를 사 준 적 있다
구두가 지저분하면 스타일을 구긴다며
구겨진 자신의 스타일은
눈치채지 못한 채.


차창 밖에 봄이 와서 꽃들이 수다를 떨고
방금 본 무지개처럼 추억이 선연하다
그 역에 닿으면 먼저
구두부터
닦으리라.

# 밥

내 하루의 징검돌 같은

밥 한 그릇 여기 있다

내 하루의 노둣돌 같은 밥 한 그릇 여기 있다

내 한의 얼레와 같은 밥 한 그릇 여기 있다.


네가 주인이라서 섬기며 살아왔다

네가 목숨이라서 가꾸며 살아왔다

그 세월 지난 듯도 한데 왜 아직도 배가 고프니?

## 성묘

산 청청 울울해서
하늘도 향기롭다
공손히 절 올리고
상석을 보고 있으니
무릎에 앉아 보라고
어머님 손 내미신다.

성성한 시간들
삭아 흩어진 뒤
여기 하나 남은
침묵으로 이룬 건축
가만히 등을 대 보면
아늑하고 포근하다.

## 화엄사

나이 들면 화엄사가 아름답게 보이리라
무슨 가설처럼 가슴에 담아 둔 생각
그때는 내 스무 살의 청죽靑竹 같은 젊음 있었다.

이순 넘어서 다시 와 본 화엄사
쉽게는 묻지도 답하지도 않을 거리의
하늘에 따로 올려 논 우람한 절 있었다.

이끼 낀 기와에도 단청 없는 지붕에도
묵음으로 쌓은 공력 탑처럼 탑처럼 솟아
마음 문 열어 닿고픈 향기로운 말씀 있었다.

# VIII.

아직도 거기 있다

# 길

길은 빙폭인 양 벼랑 위에 걸려 있다

너는 지금 이 협곡을 운명처럼 받아 들었다

이월의 칼바람들이

쇳소리로 울고 있다

**동백**

전선의 깃발같이 타오르는 불꽃이 있다

동천을 찌르는 날 선 잎이 있다

순명의 그 시각까지

시들지 않는 결기가 있다

## 아직도 거기 있다
- 부곡리

쓰다 둔 수저가 아직도 거기 있다

내 꿈의 일기장이 아직도 거기 있다

어머니 반짇고리가 아직도 거기 있다

## 토란잎

물방울을 이고 있는 토란잎이 있다

아침을 이고 있는 토란잎이 있다

그곳에 햇살이 내려

지구가 눈부시다

## 나이테

겉으로 태평스런 나무의 속살에도

지나간 시간들이 파편처럼 박혀 있다

공으로 건너갈 길이란

이 세상에 없는 것이다

**고모**

튜브도 구명조끼도

바란 적 없었건만

건너야 할 강물은 먼 산에 닿아 있었다

비바람 머리에 이고

갈대처럼 늙어 간 당신

## 산이 고맙고

귀 안 막고 들어주는 산이 그저 고맙고, 눈 안 감고 봐 주는 산이 그저 고맙고

마지막 육신도 거둬

품어 주는

산이 고맙고…

**첫사랑**

배경은 노을이었다

머릿단을 감싸 안으며

고요히 떴다 감기는 호수 같은 눈을 보았다


내게도 그녀에게도

준비해 둔 말이 없었다

## 그늘

세상 모든 그늘이란

그 사물의 어머니인 것

빛이었던 하루의 외롭고 아픈 상처를

안으로 쓰다듬어서

다시 내일을

마련해 낸다

## 인교*에서

폭우가 계속되고 인력시장이 한산하다

돈은 그저 돈이지만 때로는 목숨이다

서럽고 지친 얼굴들이

말없이 돌아선다

* 경남 창녕군 부곡면에 있는 지명.

## 부음

그 소식이 새벽하늘에 적막한 선을 그었다
세상이 다 잠든 밤에 내리치는 천둥이었다

지구의 한 모서리가
조금씩 무너져 갔다

## 이명 2

뱃고동 소리가 끊겼다 들렸다 한다

이승의 우수가 담긴 곡조 없는 징 소리같이

노을을 따라나서는

저 강물의 나들이

## 바퀴는 돌면서

길은 달리면서 바퀴를 돌리지만

바퀴는 돌면서 길을 감고 있다

모나고 흠진 이 세상

둥글게 감고 있다

## 폐원에서

노을이 머슴새처럼 슬피 울고 있다

사람들은 귓속말로 무언가 수군대지만

헤어진 애인들처럼

숲은

말이 없다

## 정거장

문득 귀농이라며 돌아온 아들에게

애비는 웃어 주지만 속으론 앓고 있다

머물면 된다 싶어도

이곳 또한 전장인 것을

### 모닝커피

돌아보면 바람 많고 눈, 비 오는 세상살이 살피고 또 살펴도 가파른 오늘을,

곰곰이 헤아려 보려 온기 도는 너를 든다

## 겨울 해변

이별의 전단지 같은 발자국이 흩어져 있다

파도는 낮은음으로 그 사연을 읽어서

내 다친 마음들까지

모두 불러내고 있다

### 종鐘

헤픈 입이 씨가 되어 거리의 종을 만들어

그 종소리에 놀라서 떠나 버린 종지기여

떠나도 귀를 막아도

종은

종인 것을

## 대학 시절

빙벽에 못을 박으며 누가 울고 있었다

때리면 때릴수록 구부러지던 역한 세월


멍이 든 가슴을 안고

뚜벅뚜벅 가고 있었다

**계단**


지금 내 앞에

계단이 놓여 있다

전부터 있었다 해도 처음 마주친 것

수없이 헤쳐 가야 할

생애의

십자로에서

# 모자

모자 곁의 모자도, 모자 위의 모자도

모자 아래 모자도, 모자 속의 모자도

아직은 불편한 시대다 아직은 아픈 시대다

# 눈

눈을 뭉쳐서 벽에 던졌더니

눈은 간데없고 나만 흩어져 있다

그늘이 깊은 것이어서

잘 녹지도 않을 것이다

## 판자촌 입구

가느다란 가지 끝에

앉아 있는 한 마리 새

칼바람 다시 와서

가지들을 흔들 때


저 새는

무엇을 향해

또 어디로 떠나야 할까

## 남천강


유정하다 초록 강물 눈웃음 짓고 있네

밤에 잠시 다녀가신 보슬비 때문인가

머릿단 풀어헤쳐서

물안개도 나부끼네

## 호미곶에서

달빛 부서져 언저리가 낭자하다 안으로 타오르는 이름 모를 불꽃이다

가쁘게 번지고 있다 묵은 담금주 같다

## 길

    길은 길이라서 반드시 가야 한다 원지遠地라도 사지死地라도 가야 할 곳은 가야 한다

    그것이 길이 짊어진 운명이고 사명이다

## 고인돌

잠든 주인은 이미 흙이 되었으나 경배하듯 경호하듯 돌들은 둘러서 있다

생사가 바뀌었다 해도 예는 하나이므로

### 가을 위양호

투구를 잃은 전사가 호수로 뛰어든다 노을은 그 울음 위에 더 비감한 색을 얹는다

팽팽한 수면의 고요가 천만 갈래로 찢어진다

## 그믐

병든 들개가 울부짖는 밤이다 달은 술잔인 양 빈 하늘에 엎어져 있고

함부로 버린 시간들이 문신처럼 스멀거린다

꽃

아이는 뜰에 핀 꽃 한 송일 가리키지만 그 손끝은 어느덧 하늘에 닿아 있다

푸르고 곱고 맑아라 아, 티 없는 희망이여

## 불씨


응어리진 원망이 모여서 만들어진 불씨는 마그마다 명치 끝에 숨어 있다

그것이 깃발을 들 때 천지가 바뀌곤 한다

## 낙엽들

노을을 등지고 벤치에 앉아 있다 몸피는 줄어서 바람에도 서걱이지만

제 가진 생의 서사는 소설보다 길다

## 명함

실속 없이 포장된 상품 전단지 같다 거기 갇힌 내 얼굴도 참 많이 뻔뻔하다

생애의 가을이 와서 낙엽이 지고 있다

**방명록**

내 살아온 나날들이 찍어 놓은 발자국들, 비 오는 날 연서를 읽듯 발자국을 읽어 본다

어쩌다 돌아선 이들이 유독 눈에 밟힌다

# IX.

모자

## 가을비

대청마루 끝에 앉아 빗소리 듣는다

누나들 시집가고 엄마만 남은 집에

다저녁 그리움 껴입고

빗소리 듣는다

## 발견

부모님의 봉분은 늘 하나의 질문이지만
아직도 그 질문에 답하지 못하고 있다
내게는 삶에 대해서
늘 준비가 부족하다

꽃피고 새가 울 때 그 질문을 생각한다
눈, 비 오고 바람 불 때도 그 질문을 생각한다
막연한 상상이지만 내게 주신 과제이므로

가을날 성묘를 하고 낙동대교 건너면서
노을을 안고 흐르는 핏줄 같은 강을 보았다
잠시 본 그 흐름 속에
어떤 답이 있는 듯했다

# 등

등은 쉽게 등끼리 친해지지 않지만
가까이 서로 기대면 산맥 같은 성이 된다

그 성에 갇히기 싫어
혼자 사는 등도 있다

## 집

한 권의 건축을

밤마다 꿈꾸고 있다

내가 가진 세계의 수많은 이모티콘으로

내면의 허기를 메울

그런 집을 꿈꾸고 있다


낡고 병든 언어에 대책 없이 애착하던

지난날의 감상을 아프게 자책하며

새로 필 꽃들을 위한

말의 집을 꿈꾸고 있다

꿈이란 지상에 없는 저 너머의 무지개지만

때로는 종교가 되고 때로는 철학이 되는

밤마다 간구해 오던

내 기도가

영글 집

## 눈과 귀

눈이 밝았을 땐 귀가 어두웠지요

어쩐지 남의 얘긴 들리지 않았으니까

이제는 귀가 열리는데

자꾸 눈이

어두워져요

## 배
- 반구대 암각화


배는 생을 적재한
가파른 개척의 이기利器

누구도 알 수 없는 비와 바람과 파도를 향해

새로 뜰 태양을 꿈꾸며
자신을
저어 간다

## 시집

시집이란 한 시인의 울음이 사는 집이다
슬프게 울거나 기쁘게 울거나
우리는 그 울음소릴 노래처럼 읽곤 하지만

가슴에 품어 보면 한없이 정겹고
떼어 놓고 바라보면 어쩐지 짠해지는
불면의 밤이 두고 간
아, 뜨거운 문장들

## 튤립

여자들의 입술이

촉촉이 젖어 있다

청춘의 연애란 살을 에는 풀무 같은 것

태양에 몸을 섞으며

서서히

부풀어 간다

## 모자

1
모자의 내면을 다 읽는 사람은 없다
모자는 모자니까 그저 쓰고 있을 뿐이다
그러나 그저 단순히 모자인 모자는 없다

튼튼한 방패거나, 섬세한 장식이거나, 눈부신 휘장이거나 또 하나
의 가면이거나…

수많은 필요에 의해
모자는 태어난다

2
오늘 아침 세수를 하다
속이 빈 머리를 보고
내 허전을 달래기 위해 백화점에 나와서
비로소 모자를 본다
모자를
읽어 본다

## 시조 전집을 다시 읽으며

아직도 나를 대변할 그럴듯한 작품이 없다
이것은 겸손도 과장도 아니다
애초에 가지고 싶은 내 얼굴이 없었던 걸까

아무리 변명해 봐도 쓸쓸한 저녁이다
갈 곳을 못 정한 채 온종일 서 있다가
늦게사 가야 할 주소를 확인하고 있는 것처럼

신호등은 간단없이 눈망울을 굴리지만
나는 그저 멍한 자세로 앞을 보고 있을 뿐이다
지나온 많은 길들이 밤비에 젖고 있다

## 국수처럼

약은 듯 매끄럽지만 적당히 어울리고
마음 맞으면 물처럼 넘어가 주는
팍팍한 세상 사는 덴 국수가 제격이라고

몇 번을 곱씹으며 이럴 땐 참아 보자고
물처럼 흐르자고 국수처럼 넘어가자고
알지만 이것도 참으면 굼벵이만도 못한 생을

## 껌

　미군이 씹다 버린 추잉 껌을 주워서, 벽에 붙여 놓고 기뻐하던 시절이 있었다
　허기를 잊기 위해서 하염없이 씹던 껌…

　무용한 절차라지만 인생에 직행은 없다, 그 간극을 메우려고 껌이 필요했을까
　실없이 보내야 했던 허드렛물 같은 시간들…

　햇볕 쨍쨍거리는 야구장 스탠드에 앉아, 오랜만에 나는 본다 내가 씹던 그 껌을
　초조와 싸우고 있는 타자들의 입 속에서

## 어둠을 연주하는 두 개의 에스키스

풍경 1

기울어진 시대의 뒷덜미를 물어뜯으며
병든 하이에나가 슬프게 울고 있다
비굴은 이런 밤에만
기생하는 바이러스다

함성은 수면 아래로 잠든 듯 고요하고
새로운 발걸음들이 출구를 찾는 시간
세계는 알 수 없는 미래의
프로그램을 돌리고 있다

풍경 2

안테나가 휘어져 있다

영상도 휘어져 있다

수신도 송신도 지금은 가망이 없다

폭우는 계속 내리고

여론은 깃발 같고

## 하늘안과

언제부턴가 내 카톡엔 하늘안과가 들어와 있다
소재지도 모르는 이 병원은 부지런하다
서울행 열차 안까지 소식을 날라 준다

박서영 간 뒤로는 어쩐지 궁금하다
하늘에서 보내 주는 무슨 급한 소식 같아서
신호음 소리만 나도 지레 놀라곤 한다

살고 죽는 일이란 피치 못할 일상이지만
목숨 걸고 시를 쓰던 그 모습 떠오를 때면
이름만 걸고 살아온 내 모습이 비쳐 보인다

## 꺼지지 않는 불꽃*

조국 위해 목숨을 던져 한 권의 책이 되고
그 책의 불꽃이 영원히 사위지 않는
그런 땅, 그런 나라에
어머니가 계셨네

소년, 소녀는 자라서 사랑에 눈을 뜨고
그 사랑 열매 맺어 영원하라 맹세할 때
맨 먼저 이곳에 와서
고개를 숙이네

* 우즈베키스탄의 성지 이름. 2차대전 때 전사자의 이름이 새겨져 있고 어머니상이 있다. 청년들은 결혼 후 반드시 이곳을 참배한다.

## 묵언 시집
- 김춘수

한 채의 고요였다

적막한 사원이었다

질문을 가졌지만

대답 또한 내 몫이었다

책장을 넘길 때마다

찬바람이 불곤 했다


서가를 정리하다

다시 마주쳤다

주의 깊게 살폈지만 같은 표정이다

거대한 상상의 숲이

날개를 접고 앉았다

## 사과

아침 식탁에 사과가 놓인다

내 사과는 언제나 찻잔 같은 것이다

그녀가 심장을 보이며
어색하게
웃고 있다

## 마지막 기도

너를 생각하며 이 다리를 건너왔다
아무리 되돌아봐도 이 길밖에 없었다
건너온 이 다리마저
남아 있지 않을 것이다

나는 누구인가
나는 네게 무엇인가
밤새 뒤척여도
떠오르는 답은 없지만
창가에 햇살 비치면 또 너를 그리워하리

너도 나를 무엇이라고 부를 수 없으리라
그러나 이 광야에서 정처 없이 헤맬 때
맨 먼저 등불을 밝혀 나를 찾아 주기를

## 데스마스크

동맥도 정맥도 보이지 않는다
살아서 허공을 찌르던 오만한 손가락도
독기를 품고 내뱉던
폭력적인 그 어투도…

한때나마 단호했던 광대뼈의 고집도
그를 잠시 흔들던 봄볕 같은 사랑도
늦가을 낙엽들처럼 다 쓸려 가고 없다

누가 이 풍경에 덧칠을 하고 있는가
이제는 증언할 아무것도 없는데
철 지난 조영 앞에서
왜 자꾸 서성이는가

장사익

어둠을 퍼내기 위해 태어나는 악기도 있다
그 악기의 일생이란 늘 울음의 나날이지만
우리는 그 울음 때문에
밝아지는
세상을 본다

## 길

처음에는 먼 길이라서 불행하다 여겼지요

내 몫의 길이 남아서 지금은 행복합니다

아무리 멀고 험해도

가야 할 길이라면

## 물에 대하여

떨어지는 폭포수도 나름의 금도가 있다
온갖 악다구니로 숱한 밤을 지새우지만
바다에 닿을 때쯤엔
귀로 들을 소리가 없다

## 줄 이야기

세상은 아무리 봐도 줄 잡기 시합 같다
잡은 뒤 헤아려 보면 불안하긴 한가지지만
그 줄을 놓치고 나면 다시 잡기 어려워서

사는 동안 우리는 늘 그 교리를 섬겨 왔다
내 힘으로 서 있다고 허공에다 외쳐 보지만
오히려 메아리 소리에 으스스 몸을 떨면서

눈만 뜨면 나는 서 있고 앞뒤에 누가 있다
별다른 의지도 없이 그 흐름은 줄이 되고
그 줄이 나를 데리고 어디론가 가고 있다

## 숙제

바닥난 우물 깊숙이 두레박을 드리우듯
아버지의 발을 그린다
조심조심 그린다
세상의 짐이 무거워 잠에 빠진 그 발을…

한 번도 다정스레 안아 준 적 없었지만
한 번도 다정스레 불러 준 적 없었지만
새벽에 불을 켜 놓고
아이는 발을 그린다

## 십일월

불임으로 시들어 가는 도시의 자궁을 향해, 사내들은 부질없이 시위를 당기고 있다
철 지난 캘린더같이 떨어지는 낙엽들이여

# 약

약은 경비병처럼 나를 노려본다
처음에는 신기하고 주체 못 할 친절 같았고
언덕을 넘기 전에는
테라스의 화분 같았다

생은 긴 여행이고 기쁨도 많지만
어느덧 그만큼의 피로도 쌓여서
이제는 스스럼없이
너와 정을 나눈다

## 나는 아직도

나는 아직도 원고지에 글을 쓴다
그래서 파지처럼 찢겨지는 마음을 안다
찢겨진 그 마음들을
보살피는 길도 안다

## 쓰디쓴 상처였다

다시금 출항의 깃발을 올려야 한다
어제는 어제만큼의 매듭이 남아 있다
지나간 파도라지만
쓰디쓴 상처였다

이 지루한 생의 연극은
늘 맞는 우리의 일상
그래도 신발 끈 죄어
또 한 번 나서 보려고
신새벽 조간을 들고
변기에 앉아 있다

**문자 메시지**


어떤 격정도 단순화되어야 한다

유성처럼 떨어지는 순간의 말이지만

섣불리 감정을 쏟으면

오래 앓게 된다

## 눈물

평소엔 말수가 적고 손이 차갑지만, 실은 내면 깊숙이 갇혀 있는 마그마들이

불현듯 그의 평온을 뚫고 나올 때가 있다

## 침대

이름 그대로 잠드는 곳이라지만
최근엔 마음 놓고 누워 본 적이 없다

시간은 부석거리고
밤은 낯선 역과 같았다

## 추서追書

    생몰의 기간이야 아쉽고 덧없는 것, 아무도 그 운명을 비껴갈 순 없다
    표표히 자네 떠난 지 벌써 십 년이 흘렀네

    이제 그 흔적을 여기에 새기나니, 유정한 발걸음 있어 이 비문을 살피거든
    자간字間에 새긴 마음까지 다 읽어 주시기를

## 터미널 엘레지

그는 눈물 없는 매서운 사람이다

먼저 간 많은 이별을 묵묵히 견디면서

그것이 미덕인 것처럼

달래며 살아왔다

어릴 적 부모님이 그렇게 가르쳤고

칼날 같은 인연들이 그렇게 가르쳤고

도방의 찬바람들도 그렇게 단련시켰다

오늘은 먼 데서 올 옛사람을 기다린다

빈 벽에 기대선 그림자가 쓸쓸한 오후

자신을 되돌아보니

용감한 적도 없었다

**단풍잎**

단풍잎은 자기가 늘 꽃인 줄만 알았지요

그래서 찬바람에 쓸려 가던 그 저녁까지

한 번도 자신의 생을

돌아보지 못했습니다

## 우포 이야기 1
– 질경이

도방에 터를 일구는 억보 같은 여자가 있다
줄줄이 생긴 피붙이 다 챙겨 데불고
친정도 시가도 없는
맨땅에다 뿌릴 박는다

## 우포 이야기 2
- 배

노을 실을 뱃전도 없다
흥 부릴 어깨도 없다
그저 함께 살아 낸 식구 같은 붕어 몇 마리
백발의 어부를 따라 집으로 가고 있다

## 우포 이야기 3
- 가시연꽃

낮에는 꽃이 되고 밤에는 별이 된다

보랏빛 여린 숨결은 그 나라의 찬란한 깃발

가시를 세워 지켜 온

향기로운 영토여

## 품

그늘이란 대개 어둠으로 치부되지만
내 고향 느티나무는 그늘이 재산이라네
수백 년 가문의 화목도
그 그늘이 일궈 주셨네

큰 걱정 생기면 먼저 가서 빌었고
외치고픈 비밀 있으면 그 아래서 중얼거려
종손이 모르는 일도 느티나무는 알고 계셨지

아버지 가신 지 사십 년이 흘렀고
어머니 가신 지는 삼십 년이 되어 가지만
고향엔 아직도 뵙고 싶은
느티나무 한 분 계시네

## 산으로 가고 있다

오래 보아 온 눈 익은 가을 산으로

나는 가고 있다 나뭇잎을 밟으며

낙엽은 그 길을 따라

추억처럼 흩어져 있다


어떤 플랜이 맴돌곤 하지만

지금은 나를 가르칠 무욕無慾이 필요한 시간

바위나 돌을 만나러

산으로 가고 있다

## 오후

의자와 지폐를 쫓던

시간들이 흘러갔다

먼 데 구름과도 눈 맞출 수 있게 되었다

낙엽을 깔고 앉아서

바둑돌을

가린다

## 보름달

오늘 밤 사제는

저 하늘의 달님이다

간구의 손 모으고

조용히 눈을 감으면

한 말씀 둥글게 담고 조심조심 떠오르신다

## 위양못

전각에 누가

등을 켜 놓았다

꽃잎처럼 그 불빛이 물결을 흔드는 동안

잠 못 든 수초 잎들은

밤하늘을 읽고 있다

## 봄비

장독간 양은그릇이 봄비를 받고 있다
사뿐사뿐 오는 비를 양은그릇이 받고 있다
쟁쟁쟁 소리를 내며 신나게 받고 있다

## 낙화유수
- 진해 여좌천에서

허공에서 길을 잃은 나비들의 망명이네, 지는 봄이 마련한 슬픈 연문이네

냇물은 꽃잎을 싣고
하염없이 흘러가네

## 고향

그 길을 돌아서 간 그는 끝내 오지 못했다 토담엔 이끼가 끼고 해마다 풀이 돋고.

그 위를 비, 바람들이 수없이 지나갔다

지금은 이사 가고 집들마저 허물어져. 치매 앓는 노파가 맞아야 할 밤이 있거나

타관의 사람들이 와서 새 삶을 일구고 있다

역사가 되었을까 피안으로 갔을까, 달 밝은 밤이면 자주 그를 보고파 하던

나이 든 피붙이들도 뒷산으로 가고 없다

**겨울 미사**


대청성당 뜨락에 흰 눈이 내리고 있다

미사포를 쓰고 있는 주일의 여인들처럼

고요를 받들고 있는

나무들이 숙연하다

## 봄날

비가 그치자 나무들 표정이 밝다

물관부는 가볍게 수액을 밀어올리고

꽃들은 잎 먼저 나와

바람에 하늘거린다


벌들이 다투어 꽃가루를 옮기듯이

언제나 자연은 안 보이는 싸움터지만

오늘은 냇물 흐르듯

천지가 화평하다

## 못가에 앉아서


물수제비 물수제비 수십 개 원을 그리며
제 모르는 인연을 구석구석 찾아 헤맬 때
봄날은 햇살을 데워
하늘을 열어 놓고

버들치 피라미 색 고운 붕어 몇 마리
잡힐 듯 잡힐 듯 어지러이 떴다 잠기면
수초들 제 품을 열어
그것들을 안아 주고

# 구름

믿음이 없었다고 소쩍새가 운다
참아야 했었다고 소쩍새가 운다
하늘엔 부는 바람뿐 오래 묵은 그리움뿐

주소도 모르는 얼굴을 떠올리며
난간에서 나눈 얘기를 어제처럼 추억한다
사소한 말 한마디로 돌아섰던
길을 헤매며…

강은 제 흐름을 즐기며 가고 있고
풀꽃들은 가진 향기를 천지에 뿌리는데
그 무슨 방향도 없이
나는 바삐 흐르고 있네

**능소화**

그녀의 손끝에 내 전부가 매달려 있다

숫된 마음이 만난 우레 같은 설레임

한 계절 나를 견디면

또 몇 뼘쯤 키가 클지…

## 결혼

난장에 떨이처럼 내놓은 내 손을

생각 없는 여자 하나가 덥석 잡아 주었다

그 일이 고맙고 미안해서

지금까지 모시고 산다

## 아침 식탁

오늘도 불안은 우리들의 주식主食이다
눈치껏 숨기고 편안한 척 앉아 보지만
잘 차린 식탁 앞에서 수저들은 말이 없다

싱긋 웃으며 아내가 농을 걸어도
때 놓친 유머란 식상한 조미료일 뿐
바빠요 눈으로 외치며 식구들은 종종거린다

다 가고 남은 식탁이 섬처럼 외롭다
냉장고에 밀어 넣은 먹다 남은 반찬들마저
후일담 한마디 못한 채 따로따로 갇혀 있다

## 카페 피렌체에서

당신이 베니스에 가 있는 동안에도
카페 피렌체에서 나는 차를 마신다
밤 열 시 문이 닫히고 귀가하는 그 시간까지

벽에는 두오모 대성당이 걸려 있고
사람들은 기도처럼 하루를 속삭이지만
그곳에 홀로 앉아서 나는 차를 마신다

바닷물은 없지만 곤돌라는 없지만
인생이란 노를 젓는 뱃사공의 하루 같은 것
당신이 베니스에 있는 동안
나는 나를 마신다

## 영화관에서

영화관은 백지처럼 나를 풀어놓는 곳
영화가 시작되면 나는 나를 생각한다
불 꺼진 그 시간만큼
그 시간의 길이만큼

나는 나를 생각하다 곧잘 잠에 빠지곤 한다
옆 사람이 깨우고 그때 눈을 떠 보면
벽들은 낯선 표정으로 물끄러미 나를 본다

대저 몰입이란 철저한 망각인 것
이 전쟁의 세상에서 한 모금의 안도를 위해
엔딩이 부를 때까지
나는 다시 눈을 감는다

## 프라하 공항

응접실에 두 개의 잔이 있다고 하자
그 잔에 벨벳 빛깔의 액체가 담겨 있고
주인이 인사도 없이 건배를 청해 온다면?

프라하 공항은 그런 표정이었다
낮은 하늘과 내리는 눈, 비뿐
혁명도 늦게 온 봄도 눈치챌 수 없었다

천문시계, 카를교, 체스키크룸로프,
불 속으로 걸어갔던 후스의 종교개혁
담담한 프라하 공항은
손을 내밀지 않았다

## 북천역

창을 열면 조금 춥고 닫으면 조금 더운
시월 초순 바람 쐬러 북천행 기차를 탔다
일행들 마주 앉아서
정담도 나눠 가며

하동장 가고 오는 한가로운 이 역에
타지서 온 사람들이 북새통을 이루자
철 만난 코스모스도 소녀처럼 나풀거렸다

뒷산의 무덤들 이마 맞댄 식구 같지만
실비 내려 스산한 저녁답* 무렵에는
손수건 몰래 꺼내어
눈물 닦고 싶었다

* '저녁때'의 경상도 방언..

## 명가네 닭갈비집

열한 시 반이 되어도 문은 닫혀 있다
스티로폼 벽으로 바람이 들락거리고
입구엔 광고 전단지들 어지럽게 흩어져 있다

이웃한 쌀가게는 꾸역꾸역 견디고 있고
그 옆의 키즈 카페는 아직은 부산하지만
그들도 머지않아서 이사를 갈 것 같다

골목에는 초병 같은 나목들이 서 있다
황량한 이 도시의 구름을 머리에 이고
연로한 철학자처럼 긴 사색에 빠져 있다

## 휴대폰 1

심드렁한 휴대폰을 바꾸기로 했다

실용이 아니라 새로움에 고파서

한때는 분신이었던 너를

바꾸기로 했다


질정 없이 헤매던 내 사랑도 그랬을까

비 내리는 창가에 서서 부질없는 낙서를 하듯

참, 오래 기대 온 너에게

결별의 손을

흔든다

# 휴대폰 2

세계로 타전하는 가장 빠른 나의 입이여

세계를 수신하는 가장 빠른 나의 귀여

오늘은 너를 버리고

고요를 만나러 간다

## 카카오톡

햇살 고울 때쯤 만나자고 했었다
꼭 전할 말도 없고 줄 선물도 없지만
그렇게 뜬금없는 약속을 해두고 싶었다

위양못 이팝꽃, 종남산 진달래꽃
어느 곳을 돌아본들 숨 가쁜 봄일 테지만
불현듯 실비 내리면
새로 듣는 음악 같으리

## 남강 찬가

덕유에서 발원하여 경호, 덕천 합류하고
진양호에 닿은 뒤 숨길 한번 고른 뒤
고도를 적시며 흐르는 젖줄 같은 강물이여

진주대첩 칠만 병사 맨몸의 애국시민들
세세연년 잊을까 봐 마음에 불을 붙여
유등을 띄우고 사는 슬기로운 백성들의 강

인정도 녹이고 풍속도 담아서
이제는 강이 아니라 이 도시의 핏줄이 되어
사십만 얼로 흐르는 아름다운 역사다

## 덕봉서원

누가 심었을까 늠름한 조선 소나무
상청常靑의 기개가 하늘에 닿아 있고
새겨진 현판의 시문詩文도 살아서 퍼덕이네

사백 년 조상의 혼령 세 채 고가에 어렸건만
백여 호 자손들 뿔뿔이 흩어지고
수목만 외롭게 남아 옛날을 그리워하네

## 서울역 엘레지

외로워서 찾기도 하고, 괴로워서 뜨기도 하고,
일 없어서 오기도 하고, 일에 지쳐 가기도 하는
서울역 젖은 광장에
오늘은 눈이 내리네

왜 왔니 자문하다가 왜 묻니 자답하며
어둠이 깔리는 이 도시의 미로 속으로
한 사내 눈을 밟으며 흔들흔들 가고 있다

## 카페 '느림'

의좋은 자매가 이마를 맞대며

늦은 점심을 위해 찌개를 끓이는 시간

창밖엔 오래 기다린 봄비가 내리고 있다

동생의 자화상은 언제나 웃고 있고,

철 지난 유행가가 간주처럼 흘러나오는

이곳은 시계가 없는 시간들이 놀다 가는 곳

나는 이 오아시스에 둥지를 튼 노마드

그림을 보기도 하고 시집을 읽기도 하고

언니의 세상 얘기를 소설처럼 듣기도 하는

## 팔판마을

아직도 산의 기개가 꺾이진 않았지만
중턱으로 고압선이 흐르고 있습니다
입구엔 교회 하나가
늘 기도를 하고 있고요

계곡엔 무람없이 새들이 노래하고
억새 잎은 물결처럼 바람에 나부낍니다
그 풍경 닮아서인지
사람들이 정겹습니다

### 라면

라면 하면 삼양이다 그 라면을 오래 먹어서
삼양동이라 누가 외치면 고향 동네 이름 같다
꿈에 본 외갓집같이 무턱대고 가고 싶은

졸병 시절 보초 서고 끓여 먹던 라면발 끝엔
얼굴 모르고 주고받던 위문편지 사연같이
밤새워 못다 헤아릴 그리움이 따라 나왔다

오는 비 핑계 삼아 라면을 끓이면서
어제처럼 그려지는 추억을 돌아보며
만남과 이별의 인정 빗물에 적셔 본다

## 불황

드디어 저녁 밥솥이 긴 한숨을 내쉬고 있다

이 집의 고비들을 저 솥은 알고 있다

가등街燈도 골목에 서서

늦은 주인을 기다린다

# X.

이명

## 봄비 3

모주처럼 알싸한 달래 향기 한 잔

향수처럼 아련한 아지랑이 한 필

그대가 고개 넘으며

택배로 부치셨지요?

## 노을

구름도 색깔을 입고 하늘가로 모여들어

북받치는 하루를 핏빛으로 옮기고 있다

맡겨진 저마다의 생은

이렇게

멀고 아픈가

# 귀

들으려 하지 않는 귀,

들을 수도 없는 귀,

이미 편 갈린 귀,

서로 닫아 버린 귀,

마음이 길을 잃어서

오래전에 병든 귀

### 자매들

쟁반에 담긴 소란이 몇 차례나 들락거려도
거실의 불빛은 꺼질 줄을 모른다
핏줄을 타고 흐르는 강물은 하염없다

막내가 장난삼아 돌팔매를 던지면
언니들도 덩달아 돌팔매를 던져서
파문은 웃음이 되고 또 때로는 울음이 되고

얘기가 잦아들 무렵 창밖에는 비가 내린다
빗소리는 추억들을 다시 불러내지만
새벽이 닿을 때쯤엔 엉킨 채 잠이 든다

## 열쇠

어떤 미스터리 같은
열쇠 하나 버려져 있다
열쇠를 가졌다고 으스대던 주인도 없이
낙엽 진 길모퉁이에
녹슨 채 버려져 있다

무슨 비밀을 지닌 한 권력의 책사였을까
거래를 즐기던 정상배의 혀였을까
한 올의 단서도 없이
여기 버려져 있다

## 라벨

자본이 만들어 낸 꽃의 이름이다
사랑을 받으면 콧대가 높아지고
아무도 부르지 않으면 소리 없이 진다

실비를 맞으며 봉오리가 벙글 때도
예고 없는 바람이 와서 자주 떨어뜨린다
이것이 시장에 사는 꽃들의 운명이다

어떤 보호벽도 믿을 수 없는 곳에서
삼엄한 전장만이 주어진 여건이지만
내일의 태양을 꿈꾸며
맨발로 걸어간다

## 억새

저무는 하늘을 휘젓는 갈필들

박토를 물고 사는 민초들의 입말이다

쫓기며 살아온 생의

칼끝 같은

상소문이다

### 해변의 모텔

낙조가 해안선에 길게 걸려 있다
이제 귀가를 서둘러야 하는 시간
맨발의 청춘들끼리 모래톱을 밟고 있다

길은 젖은 타월처럼 그들 앞에 놓여 있다
짙어 가는 어둠이 불빛과 싸우는 동안
집들은 호객꾼처럼 그들을 데리고 간다

커튼에 얼굴 가리며 누가 입을 열면
대답 대신 먼저 데워진 가쁜 욕망들이
영육靈肉에 문신을 새기며
파도치는 밤이 있다

## 별사別辭

품삯도 못 받고 다닌 곡비哭婢 같은 시인이여

원고마다 쏟던 울음이 제 혼인 줄 몰랐던가

남겨 둔 목청이 없어

말문부터 먼저 닫았네

## 유리창

누가 울며 동동거리던 자국이 남아 있다

그걸 자꾸 먼지라고 우기며 나는 닦는다

반 남은 단풍잎들도

속절없이 지고 있다

## 와이퍼 혹은, 와이프

와이퍼가 부지런히 빗소리를 걷어 낸다, 와이퍼가 뻑뻑거리며 빗소리를 따라간다

이윽고 빗소리 속에 와이퍼가 갇힌다

## 이명 3

생의 언덕바지엔 목쉰 파도가 산다

파도는 사연 많은 생채기의 울음들이다

그 소리 다 읽고 싶어

귀는 늘 잠이 없었다

## 치통

씹힐 일만 남아서 밤새 아팠던가

오늘 아침 어금니 하나가 결국은 떨어졌다

이승을 받치고 있던

성城 하나가 무너졌다

## 바람의 노래

바람은 바람이라서 본적本籍이 없다
본적만이 아니라 본 적도 없다
그러나 정말 바람이 없는 것은 아니다

깃발이 휘날리는 어느 경기장에서
갈대가 피어 있는 강변 기슭에서
얼굴도 없이 흔드는 바람의 손을 본다

바람은 바람이라서 본적本籍이 없지만
바람에게 고향이 없는 것은 아니다
바람은 물과 같아서 닿는 곳이 고향이다

## 개양귀비꽃

관상용 양귀비꽃은 아무리 보고 있어도
사내를 호릴 듯한 숨 가쁜 향내가 없다
그것이 운명이라면
어쩔 수 없는
고독의 꽃

왜 그럴까 고운 색깔 간드러지는 몸매인데
살 태우며 달려들던 그런 질투 어디 두고
객 떠난 다방에 앉은
늙은 마담 같은 꽃아

## 무게

생명 있는 존재들은
그 무게를 모른다

영혼을 달 수 있는 저울이 이승엔 없다

스스로 만든 저울은
저울이 아니다

## 가을

타계한 친구의 전화번호가 남아 있다

마지막 메일도 지우지 못했다

그걸 안 귀뚜라미가

밤새 울고 있다

## 카페라테


언니처럼 화이트가 베이지를 껴안으면
따스한 체온으로 간절한 손길로
십일월 오후를 적시는
낮은음의 발라드

창밖의 풍경은 무료한 구름 조각들
혹은, 풀 더미에 얹혀 있는 낙엽들
그 새를 헤치고 다니는 바람의 손이 보이고

동생처럼 베이지가 화이트를 껴안으면
그 어떤 불화도 없이 순식간에 하나가 되는
십일월 오후를 적시는
낮은음의 발라드

## 거울에게

녹슨 거울은 오늘도 말이 없다
그가 본 사물들의 위선에 대하여
알면서 외면하고 있는 현장에 대하여

그러나 몇백 년은 더 견딜 수 있으리라
타오르는 분노와 얼음 같은 저주의
아직 다 증발되지 않은 현장의 단서로서

나는 지금 너에게 다시 한번 묻고 싶다
핏빛 내면의 진실에 입 다물고
살아서 얻을 수 있는 의미는 무엇인가

## 이명 4

듣지 않으려고
마개를 할 때가 있다
많이 듣는 게 좋은 것만 아니어서
들어도 못 들은 척하고
돌아서야 할 때가 있다

먼저 듣겠다며
많이 듣겠다며
곳곳에 귀를 대고 얻어 낸 소식을
대단한 전리품인 양
나눠 주던 때가 있었다

설은 밥알 같은, 떫은 풋감 같은
그런 과거사를 귀는 알고 있다
그것이 울음이 되어
스스로를 닫으려 한다

## 장모님께

오늘은 맑은가요
또 아니면 흐린가요
맑기도 하지만 주로 흐려 슬픈가요
그늘을 안은 산처럼
안개에 묻힌 강처럼

맑은 날은 맑아서
햇살 바라보며
비가 오면 비에 젖은 나뭇잎 바라보며
켜켜이 쌓인 당신을
지워 가는
머언 길

## 마스크

마스크는 아직도 얼굴을 감추고 있다
한때의 자만이
저지른 형벌임을
아무도 말할 수 없다
입이 없으므로

자신의 욕망대로
세계를 진단하고
자신의 욕망대로
세계를 유린하던
오만한 인간을 향해
누가 창을 던진 것이다

방패를 만들며 지금 혈전 중이다
뜻을 모아 이기고 새 깃발을 걸어야 한다
건강한 세상을 위해
함께 사는
내일을 위해

## 인생

정성 다해 가꾸어도 알 수 없는 긴 여행을, 맹세한 두 남녀는 하나 되어 떠났다
그 사이 비, 바람 불고
한 사람은 길을 잃었다

## 초승달

허공에 낙관 하나 무연한 듯 걸려 있다
넋 잃은 폐비처럼 초사흘 밤 난간에 앉아
누구도 풀어줄 수 없는
누명을 애소하는 달

고요하고 처연한 운명을 머금은 빛
문명의 화살을 맞은 우리 신앙의 폐허 위로
누천년 빌고 빌어 온
뭇 소망이 스쳐 간다

## 돌섬

마산 앞바다에 섬 하나 떠 있다
맑은 날엔 유람선 같고 흐린 날엔 구조선 같지만
비, 바람 덮치는 날엔 시집간 딸내미 같은,

꿈인 듯 꿈 아닌 듯 살갑게 다가오는
저 서정의 우물 하나 늘 가슴에 품고 살아서
이 가문 여름날에도
쉽게 지치지 않는다

## 나의 노트북 시대

몇 번이고 주저했던 노트북을 구입한 뒤로
내 작품의 수공업 시대는 이제 막을 내렸다
그 많은 파지를 먹던 휴지통도 한가하다

마감에 쫓기며, 비재非才를 원망하며
밤새도록 썼다 지우던 추억도 사라지고
요즘은 나도 모르는 시어들이 튀어나온다

쉽게 쓸 수 있다는 것이 과연 효율일까
눈에 익기도 전에 보내 버린 작품들을
화면에 다시 띄워 놓고 물끄러미 바라본다

## 귀뚜라미 바다

가사 없는 가을 노래가 객창에 쏟아진다
달 밝은 밤이라서 청승맞게 쏟아진다
누구라 할 수도 없이 떼창으로 쏟아진다

사변에 군인 나간 아들 걱정하면서
남의 나라 지키러 간 남편 걱정하면서
숨어서 울던 여인들의 신음 소리를 닮았다

울음은 울어서 그 울음을 이기려는 것
그래서 얼마쯤을 울고 나면 잦아지지만
새벽이 지났는데도 그칠 줄을 모르네

# 물

　냄비에 물을 부어 숭늉을 끓이려고, 가스불을 켜 두고 깜박 잠이 들었다
　늦게사 눈을 떠 보니 아내 음성이 너무 높다

　물을 예사로 보아서는 안 된다는, 물이 불이고 불이 죽음이라는 늘 하는 그의 특강을 꾸역꾸역 듣고 있다

　TV에는 러시아가 우크라이나를 치고 있고
　창밖엔 바람이 불고 세차게 비가 내린다
　사방이 나만 눈 뜨면
　늘 이렇게 소란스럽다

## 자화상

먼 곳을 향해 가는 삼등 열차였다
누가 타고 내려도 그저 앞을 보면서
정해진 종점을 향해 쉬지 않고 달렸다

사변을 만나고, 기아에 허덕이고, 독재를 만나고, 시위에 휩싸이고
내 생이 스친 역들은
늘 그런 화염이었다

그러다 돌아보니 내가 안 보였다
다른 짐은 그대로인데 나는 어디에 있을까
맞은편 신호등 앞에
한 노인이 서 있었다

## 벤치

석양이 구름을 주홍으로 바꾸고 있다
낙엽은 반성문 같은 그 하늘을 읽고 있다가
제 삶의 무게에 못 이겨
지상으로 떨어진다

그곳엔 언제부턴가 벤치가 놓여 있었다
깊어 가는 가을의 사유를 위한 여백
이따금 바람이 와서
잠시 머물다 간다

## 하류

이곳에는 언제나 민낯이 편하다
중류 같은 욕심도 없다 애써 오르려 하지 않는다
징검돌 사이로 흐르는
그저 온유한 물이 있을 뿐

우연히 얻어진 덕성이 아니다
만상이 홍엽을 입고 마음 펄럭여도
거칠게 스쳐 간 어제를 술잔에 담아 마실 뿐

맑으면 맑은 대로 흐리면 흐린 대로
상류 같은 비전도 없다 애써 오르려 하지 않는다
징검돌 사이로 흐르는
그저 온유한 물이 있을 뿐

## 어느 날 아침

병든 지구를 업은 하늘이 노랗다
밤새 뒤척여도 묘안이 없었을까
그중에 인간이 제일 해결 못 할 과제였을까

## 소낙비

야생의 쿠데타가 타고난 기질이다
설득도 호령도 소용이 없다
한줄기 쏟아 낸 뒤엔 또 홀연히 사라진다

가뭄을 위해서라고 말하지도 않는다
초록이 정의라고 외치지도 않는다
그러나 목마른 숲이 늘 그의 배경이다

## 작은 중국집

우리 집 근처에는 중국집이 하나 있어요
시트콤 소품같이 아담하고 이쁜 집
그곳엔 유니폼이 고운 종업원이 몇 있고요

실비 오던 어느 날 아내와 오랜만에
지우산 함께 쓰고 그 집에 들렀어요
그리고 오래전에 먹어 본 자장면을 시켰지요

조금 지나 눈에 익은 자장면 두 그릇과
방금 튀긴 탕수육을 쟁반에 담아 왔어요
우리는 옛 얘기 나누며 그릇들을 비웠지요

그러던 어느 날 그 집 문이 닫혔어요
이웃에게 물었더니 주방장 수술했대요
그 후로 산책 나가면 그 집 앞을 가 보곤 했죠

다시 그 집 문이 열린 건 그해 가을이었지요
반짝반짝 애교 많은 꼬마전등 스무 개가
오세요 손을 흔들며 눈물처럼 켜 있었어요

코로나 바이러스로, 주방장 입원으로
닫혔다 열렸다 하는 우리 동네 작은 중국집
큰 욕심 없이 살아도 세상살이 힘든가 봐요

그래도 부담 없이 즐길 수 있는 외식 집
언제나 상기돼 있는 정 많은 우체통처럼
이 작은 중국집하고 늘 같이 살고 싶어요

## 문상 問喪

뽑힌 전원이 삼켜 버린 추억들
애통한 울음도 없는 냉랭한 빈소에
조위금 봉투 하나와
흰 국화만 두고 왔다

거듭 돌아봐도 느낌이 없다
나도 로봇처럼 감정이 거세된 걸까
과거로 떠나 버린 그와
지상에
남아 있는 나…

## 빗살무늬토기

1
우연히 마주 앉아 너를 살펴본다
막 깨어난 아이처럼 얼굴이 볼그레하다
빗금이 머금고 있는 굴곡진 삶도 보인다

갈퀴 같은 손으로 강과 들을 헤매던
설한雪寒의 세월 속에서 태어난 지혜여
정착의 꿈이 빚어낸 또 하나의 발명이여

2
우리 삶의 뒷골목에는 늘 그늘이 살고 있다
그것들의 어딘가에는 빗살무늬가 새겨진다
격랑을 이겨 낸 자의 뜨거운 심전도 같은

## 겨울나무들

지상의 모든 나무는
수행 중인 선사들이다
태양을 걸쳤다가 노을 속에 서 있다가
이제는 나목이 되어
눈보라를 입고 계시다

세찬 비바람인들 편한 시간이었으랴
꽃에서 열매로, 녹음에서 단풍으로
한세상 가파른 길을
끝없이
보여 주시니

## 눈사람

나의 첫 여자였다
착한 여자였다
안으면 바스라질 듯
연약한 여자였다
십 년을 서성거리다 홀연히 떠나 버린,

그녀 간 뒤 예순 해 아직도 보내지 못한
그녀만의 소슬함 그녀만의 단정함
재우쳐 가슴 먹먹한
겨울밤이 더러 있었다

## 시계

전진밖에 모르는 어리석은 기계여
역사의 CCTV는 쉴 새 없이 찍고 있다
일말의 성찰도 없이
앞으로만
달리는 너를

## 커피 자판기 앞에서

'먼저 드시지요'
젊은이가 잔을 건넨다
'아니, 시간 있는데?'
웃으며 받아 든 노인
십이월 남강휴게소 앞
우산 속의
온기 한 잔

## 비

서서 내리는 비는 가등街燈처럼 목이 마르다

서서 내리는 비는 과수寡守처럼 한이 많다

넋 없이 내리는 비는

풍경처럼 중심이 없다

# 비밀

향비*에게 향기는 그녀만의 비밀
그녀만의 비밀은 그녀만의 목숨
비밀을 지킨다는 것은
목숨을 지킨다는 것

어느 날 그 비밀을 지킬 수 없게 되자
향비는 스스로 생애를 마감했다
그것이 그녀가 택할 유일한 길이었던 것

세상 모든 생명들에겐 비밀의 성이 있다
그 성을 지키기 위해 생명을 걸어야 한다
가시를 온몸에 감고
살아가는 장미처럼

\* 중국 청나라 건륭제의 후비.

## 부분에 대하여

전부를 알고 싶어 애를 쓸 때가 있다
한 부분만 더 알면 해석이 가능하므로
그것에 몸이 달아서
생애를 걸 때가 있다

그러나 주의하라 그곳이 바로 사지死地다
부비트랩처럼 던져 놓은 유혹이다
모든 걸 다 알고 사는 승자는 세상에 없다

나는 나의 둔감을 걱정하며 살아왔으나
난세를 건너온 어제를 고마워한다
내 가진 삶의 자본은
이것 하나뿐이었다

## 말

이 벽에서도 듣고 있었다 저 벽에서도 듣고 있었다

벽은 벽이라서 입 다물고 있었지만

그 벽을 타고 다니는

소리 없는 말이 있었다

## 국어사전

모국어는 겨레를
지키는 병사다
모국어는 겨레가
마시는 물이다
사전은 그 물을 담은
아름다운 호수다

걸음마를 배울 때부터 사랑을 가르치며
모유처럼 나를 키워 낸 내 정신의 어머니여
오늘은 왠지 얼굴에
그림자가 어려 있네

조국을 사랑하지만 조국을 떠나야 하는
사연 많은 사람들과 헤어지기 위하여
공항에 있다 왔을까
슬픈 국어사전이여

## 거미

1
허공에 줄을 걸었다 그 남자 오십 세
시퍼런 목숨의 밧줄 연고 없이 얽어 놓고
비바람 닥칠 때마다
악을 쓰며 견뎠다

가솔은 처와 삼 남매 종착지는 소읍 뒷골목
국화빵 불을 지피며 생을 이어 갔다
가끔은 불면의 밤이 거리로 흘러나왔다

2
먹고 먹히는 여기는 처절한 난장
아직도 기다린다 기다려야 한다
포착의 순간을 위해
고요를 쌓아 가며

## 디스크

허리를 제대로 대접해 준 적이 없다
그러나 되돌아보면 허리는 늘 중요했다
나이가 들어 갈수록 더더욱 그렇다

살기 위해 끊임없이 허리를 굽히게 했다
그것이 운명인 것을 일찍부터 알았을까
허리는 그런 역할에 짜증을 낸 적이 없다

요즘은 허리가 시비를 걸어 온다
제 삶의 이력을 알아 달라는 몸짓일까
늦지만 허리도 자신을 보호하고 싶어서일까

## 안개비

걷으면 환히 비칠 햇살도 마냥 싫고
이대로 혼자 맞는 외로움도 서러운 날
안개비 너는 내려서
종일 나를
다독이네

하이힐은 연초록 원피스는 연분홍
누구도 가지 않는 길 하나 가려내어
내 안의 그녀가 간다
몰래 자란 그리움 간다

## 흙을 위한 연가

흙은 혈육 같은 온기를 머금고 있다
바람이 불어도 눈비가 내려도
아무런 미동도 없이
그 자리에 있다

가꾸어서 먹이고 나누어서 입혀 온
자식 같은 사람들 물끄러미 바라보며
별다른 내색도 없이
그 자리에 있다

자라서 떠나거나 죽어서 돌아오거나
그 길목을 지켜 선 수령 많은 고목처럼
웃음도 울음도 삼킨 채
그 자리에 있다

## 대구, 대구 사람들

이사 뒤에 축분祝盆들이 새 식구로 들어왔지만
대부분 명을 다하고 선인장만 남았다
대구의 친구가 사 준 그저 평범한 것이다

삼십 년을 함께 살아온 화분을 볼 때마다
한구석에 무뚝뚝하게 돌아앉은 모습이
어쩌면 그 사람 같다고 나는 자주 생각했다

있으면 있는 대로 없으면 없는 대로
추우면 추운 대로 더우면 더운 대로
대구는 역사와 더불어 자신을 헌신해 온 땅

그 땅의 강골이라서 이호우는 반전反戰을 외쳤고
그 땅의 품격이라서 이영도는 절제를 섬겼다
우정과 지혜가 담긴 선인장 같은 사람들

## 잎들

삼, 사, 오월 잎들이
철모르는 소녀라면
육, 칠, 팔월 잎들이 무성한 여인이라면
구, 시월 너머의 잎은 무엇이라 불러야 할까

이슬 맞고 비 맞고 서리 맞고 단풍도 든
세상일 다 겪어 봐서 무서울 것도 없는
우리 집 아내 같은 잎을 수문장이라 불러야 할까

잎들은 그러나 마지막까지 여자라서
분홍빛, 주홍빛을 온몸에 둘렀는데
문 열고 창밖을 보니
벌써 결별의
인사를 하네

## 덕암산

동네를 내려다보며
살펴 주시는 어른이다
그 슬하에 조상이 계시고
마을에는 우리가 산다
사백 년 혈연의 맥이
그리하여 청청하다

한때는 콜레라가 기승을 부린 적 있고
자주 가뭄이 덮쳐 고통도 겪었지만
이 산의 가호 아래서 늘 본성을 잃지 않았다

어쩌다 황급히 고향에 들를 때라도
정중히 고개 숙여 먼저 인사 올리고
가없는 아량과 위용
가슴에 품고 온다

## 숲으로 된 성벽

스탠드 등을 켜고 주인이 책을 읽는다
문을 열고 들어가도 잘 모를 때가 있다
그만큼 그의 독서는 깊어지고 있는 듯하다

회사를 졸업하고 집에 돌아와서
다른 계산 없이 이 서점을 낸 것은
가정의 화목을 위한 배려였을 것이다

수목을 가꾸고
시를 사랑하는
부인은 학교에 나가 국어를 가르치고
퇴근 후 이곳에 들러 함께 책을 읽는다

## 서운암

설익은 지식으로 세상을 논하지 말라
스스로 땀 흘려서
얻는 길이 도임을
몸으로 가르치려고
세워진 절이 있다

흙도 공이 아니고, 물도 공이 아니고, 햇볕도 바람도 또한 공이 아님을
당당히 증명하려고 세워진 절이 있다

그 절에서 빚은 장경 자비의 말씀이 되고
그 절에서 쪽물을 지어 이 땅의 색을 살리고
유구한 옻을 다스려 민화의 길을 열었다

설익은 지식으로 세상을 논하지 말라
스스로 땀 흘려서
이루는 길이 도임을
몸으로 가르치려고
세워진 절이 있다

## 공감

손뼉을 치다 보면 허공에도 길이 생긴다

개미가 굴을 파듯 조심조심 만드는 소로小路

반가운 마음끼리 만나

서로 얼굴을

비춰 보는

## 사계의 노래

봄은 실비처럼 생명의 씨를 뿌리고
따스한 햇살로 어혈을 풀어 주고
곳곳에 환희를 심어 천지를 가꾼다

여름은 우레를 꺼내 소낙비를 만들고
싱싱한 숲을 키워서 장마를 대비하고
때로는 가뭄을 곁들여 목마름을 가르친다

익으면 떨어지는 걸 가을은 알고 있다
태양과 가까운 잎들 하나둘 단풍 들고
열매는 정성껏 익혀 후년을 기약한다

드디어 나목으로 속죄할 시간이 오면
겨울은 안다 축복 같은 백설을 이고
구차한 변명도 없이 신께 고개 숙인다

### 추억의 마산항

햇살 설핏하고
산 그리메 짙어지면
어미 닭 품을 향해 병아리 모이듯이
배들은
모이를 싣고
항구로 모여들었다

## 기억의 향기*

배웅하기 위해서 역에 나갔다가
그대 가는 뒷모습 쓸쓸하고 아쉬워
그 기차 입석을 구해 함께 타고 갔었지

어디쯤 가서 내릴 생각도 못 한 채
마냥 얘기 주고받다가 서울역에 도착하고
또다시 대구행 표를
끊어서 내려왔던

차창 밖은 그날따라 질정 없이 비가 내렸고
새로 돋던 그리움 빗줄기에 섞으며
하행선 밤의 선로는 내 상상의 여백이었지

* 핑거소울 작사·작곡, 박경태 노래, 〈기억의 향기〉.

## 나무

낮지만 품이 넓은 내가 아는 나무가 있다
곁에 놓인 긴 의자는 이웃을 위한 배려
봄, 여름, 가을을 견디며
그 화목을 일구었다

마침내 단풍 들고 잎마저 다 진 뒤에
어느 날 내리던 초설 축복처럼 받아 이고
가파른 생을 간추려
신께 자신을 바쳤다

## 낙엽

가을이 내 무릎 위에 찬 손을 얹는다

가쁜 숨결과 외로움이 배어 있다

사는 게 다 그런 거라고

나도 가만 손을 얹는다

## 발자국

그 밤은 추웠다 그리고 눈이 내렸다

그 눈길의 새벽을 걸어간 이가 있었다

왜 그는 언 새벽길을 꼭 가야만 했을까

내밀한 지령을 받은 첨병의 이동처럼

빠르게 찍혀 나간 발자국을 바라보며

아직도 해독할 수 없는 운명을 떠올렸다

## 상선병원에서

오 호실 어머니가 요양병원 가시나 보다
삼 남매가 프런트에서 어렵게 합의를 했다
장남이 절차를 밟자
누나들이 울고 있다

해설
# 현대시조의 전범

이숭원
대한민국예술원 종신회원

## 1. 현대시조의 개성

　시조와 자유시가 구분되는 가장 중요한 특징은 정형성에 있다. 시조는 정형성을 양식의 생래적生來的·본질적 특성으로 삼기 때문에 정형성을 포기하면 그것은 시조가 아니다. 단형 정형시는 본질적으로 서정의 응축을 지향한다. 한순간의 서정을 간결한 형식으로 표현하는 것이 단형 정형시인 시조의 운명이다. 대상에서 촉발된 순간의 감흥을 고도의 직관으로 포착하여 간결한 형식으로 응축해 내는 데 성패를 가르는 시조의 운명이 걸려 있다.
　현대시조는 정형성과 함께 현대성도 갖추어야 한다. 현대성이란 말에는 소재나 주제의 현대성과 표현 방식의 현대성이란 의미가 함께 들어 있다. 현대적인 소재를 취하여 현대적 방법으로 표현한다는 뜻이다. 둘 중 하나라도 유지해야 현대시조라고 내세울 수 있다. 정형의 틀을 지키면서 개성적이고 독창적인 표현 방법을 구사하는 것은 여간 어려운 일이 아니다. 자유시 창작은 방법이나 의식의 새로움만 추구하면 되는데, 시조시인은 정형성을 살리면서 현대적 감각을 드러내야 하기에 훨씬 더 치열한 노력을 기울이지 않을 수 없다. 시조 정형성의 바탕 위에서 개성적 수사와 현대적 사유를 결합한 격조 높은 작품을 창조하는 것. 이것이 모든 현대시조시인이 마주하는 지상의 과제다.

이우걸 시인은 시조 형식과 현대적 인식의 결합이라는 긴요한 문제를 안고 오랜 세월 고투의 시간을 보냈다. 그는 치열한 시적 탐구의 과정을 통해 현대성과 정형성을 통합하는 높은 성취를 보였다. 그의 창조 작업이 더욱 귀하게 평가되는 것은, 시조의 정형성에 현대적 표현 미학을 조화롭게 결합했다는 점만이 아니라, 그러한 특징을 초기부터 현재까지 초지일관 여일하게 지속·발전시켜 왔다는 사실 때문이다. 그래서 이우걸 시조를 논할 때는 시조의 양식적 특성에 관한 이해와 그에 따르는 현대적 표현 미학에 관한 분석이 언제나 병행되어야 한다. 어떤 시조 작품에서 시조의 정형성이 제약이 아니라 오히려 현대성을 살리는 양질의 활력소가 된다는 점이 입증된다면, 그 작품은 현대시조의 전범을 넘어서서 현대시조 정상의 자리에 놓일 것이다.


## 2. 단형 시조의 서정 미학

시조의 핵심은 단시조에 있다. 단시조의 간결한 형식 속에 서정이 압축되어 있어야 시조로서의 맛이 살아난다. 단시조의 서정적 긴장을 체험하지 못한 시조 창작은 허사다. 이우걸의 첫 시조집 『지금은 누군가 와서』(1977) 앞부분에 명품 단시조가 배치된 것은 아름다운 일이다. 다음 두 편의 단시조는 이우걸 서정의 중핵을 가감 없이 보여주면서 이후 전개될 그의 창작 경로와 시조시인으로서 높은 위상을 충분히 예감하게 한다.

스쳐만 가도 신열 나는

내 마음은 검정 실밥

젖은 옷자락 기워 눈먼 수를 놓으면

등피에 쌓인 일력日曆만

행 밖에서 떨다 간다.

―「편지」전문

"검정 실밥"으로 비유된 그의 마음은 여리고 어둡다. 세상의 여파가 잠시 스쳐만 가도 신열이 날 정도다. 그만큼 섬약하고 상처받기 쉬운 내면이다. 검정 실밥으로 기우는 대상은 "젖은 옷자락"이다. 역시 밝지 않은 슬픔의 이미지가 착색되어 있다. 환한 저고리를 다듬는 것이 아니라 젖은 옷자락을 깁고 수를 놓는데 그것도 "눈먼 수"를 놓는다고 했다. 앞이 보이지 않는 암울한 상황에서 슬픔에 젖은 옷자락에 간신히 검은 실밥으로 수를 놓으니 그 작업이 제대로 구성될 것 같지 않다. 그러나 "스쳐만 가도 신열 나는" 예민한 감성으로 정성을 다해 수를 놓으니 실밥 사이에 스며든 마음의 결이 그 나름의 결실을 거둘 것 같다.

여기까지 옷자락을 기워 수를 놓는 장면을 표현했는데, 제목이 '편지'이니 사실은 마음을 담아 편지를 쓰는 과정을 바느질에 비유하여 표현한 것이다. 편지를 쓰든 수를 놓든, 화자의 정성에 보답이라도 하려는 듯 "등피에 쌓인 일력日曆만 / 행 밖에서 떨다 간다."라고 했다. 시간에 중첩된 사연들이 편지 행간에 모여든다는 뜻일 것이다. 검정 실밥으로 옷을 깁고 등잔을 밝힌 상황이니 지나간 옛 시절의 회상이다. 그러한 고전적 분위기가 시조의 서정에 어울린다. '등피'는 등불이 꺼지지 않도록 바람을 막기 위해 등에 씌우는 유리를 말한다. 석유가 연소한 그을음이 등피에 붙으면 불빛이 잘 나오도록 등피를 닦았다.

그런데 이 시에서는 등피에 일력이 쌓인다고 했다. 시간의 흐름이 쌓이고 세월이 쌓이는 것이다. 요컨대 화자는 편지를 쓰고 지우고 하며 많은 시간을 보낸 것이다. 말로 전하지 못한 안타까움이 시간의 흐름 속에 응축되어 있음을 짐작할 수 있다. 이처럼 이 시조는 단형 서정시의 압축성 속에서 전통적 형상을 비유의 매개로 하여 편지 쓰는 과정과 그 안에 담긴 안타까운 마음을 정갈하게 표현했다. 이우걸 초기 단형 서정 시조의 전형을 보여 준 작품이다.

은목서 잎사귀에도

달빛이 스며들었다

텅 빈 등의자여 잠이 든 가옥家屋이여

그대의

혈관 속으로

유황빛

말이 달린다.

―「파도」 전문

　바로 이어 나오는 이 시는 달밤을 배경으로 했다. 은목서는 따뜻한 지역에서 생육하는 상록의 활엽수로 5미터 이상 높이 자란다. 은목서의 잎이 무성하고 끝에 돌기 같은 것이 돋아 있어 달빛이 비치면 정취가 독특하다. 달빛이 비치는 은목서 나무 밑에 등의자가 있고 거기 한 채의 집이 있다. 등의자는 비어 있고 가옥도 고적하다. 거기 달빛만 비치니 그윽한 정취가 고고하다. 이렇게 정밀한 정관의 형상을 보여 준 후 화자는 "그대의 / 혈관 속으로 / 유황빛 / 말이 달린다."라고 동작의 형상을 배치했다. 제목이 '파도'이니 시인은 고요 속에 작동하는 역동적 움직임을 파도라는 심상으로 표현한 것이다.

　여기 나오는 '그대'가 깨어 있는지 잠들어 있는지는 알 수 없다. 시인이 주안점을 둔 것은 그대의 혈관 속에 유황빛 말이 달린다는 사실이다. 유황빛은 노란빛을 뜻하니 갈색의 말을 유황빛 말로 지칭할 수 있을 것이다. 그런데 혈관 속에 달리는 말은 세상에 존재하지 않는다. 초·중장에 해당하는 앞의 두 소절은 가시적 현상을 나타낸 것이지만 끝 소절은 상상의 소산이다. 혈관 속에 달리는 유황빛 말은 무엇인가? 이 장면은 하나의 이미지로 받아들여야 한다. 은목서 잎사귀에 스며든 달빛도 이미지요, 텅 빈 등의자나 잠이 든 가옥도 이미지다. 이 정적인 이미지와 대립하는 자리에 놓인 것이 그대의 혈관 속을 달리는 유황빛 말이라는 동적인 이미지다. 정과 동의 교차 속에 우리에게 전달되는 내용은 고요한 밤에도 잠들지 못하는 그대의 마음이요 정신이다. 혈관 속을 유황빛 말이 달리니 어떻게 고이 잠들 수 있겠는가? 그래서 제목이 '파도'다. 정적과 월광의 심야에도 잠들지 못하고 사색을 계속하는 그대의 내면을 파도로 표현한 것이다.

　그대가 왜 고요한 심야에도 잠들지 않고 일렁이는 파도의 내면을 갖는지는 알 수 없다. 시인은 다만 상반된 두 유형의 이미지로 고요와 파동의 충돌을 묘사했다. 묘사 외에 아무 첨언을 하지 않았으니, 이미지만으로 시조가 성립하는 고도의 현대성을 창안했다. 시조 양식과 현대성의 결합이 전격적으로 완성된다. 이 역시 이우걸 단형 시조 미학의 선구적 성과라고 평가하지 않을 수 없다.

　이러한 이우걸의 단형 서정시 창작은 이후에도 지속적으로 일관되게 이어진다. 세 번째 시조집 『저녁 이미지』(1988) 첫머리를 장식한

「팽이」가 대표적인 예이며, 다섯 번째 시집 『맹인』(2003)에 실린 다음 시편도 그 기류의 연속적 발화다.

> 벤치에 앉으면 누구나 신도가 된다
>
> 사제司祭는 없다
>
> 눈앞엔 바다뿐이다
>
> 초록을 찢어서 만든
>
> 불타는
>
> 경전의 바다
>
> ―「버들리 2」 전문

'버들리'는 바다가 보이는 경상남도 어느 지역 지명일 것이다. 어느 위치에 있는가가 중요한 것이 아니라 시인이 바다를 어떻게 보았는가가 중요하다. 시인은 바다에 도취된 신도의 모습을 설정했다. 바다가 보이는 그곳 벤치에 앉으면 누구나 바다를 섬기는 신도가 되어 바다에 몰입할 수밖에 없다는 뜻이다. 바다와 신도를 이어줄 사제도 필요 없이 바로 두 존재가 소통할 수 있다. 초록 바다의 신神이 아무것도 가리지 않고 온몸을 드러내고 있는데 무슨 매개자가 필요할 것인가? 그래서 시인은 바다를 "초록을 찧어서 만든 / 불타는 / 경전의 바다"라고 했다. 바다와 육지를 모두 초록빛 풀을 찧어 만들었다는 뜻으로 자연의 산야와 산야 저편의 바다를 동일시하는 독특한 표현이다. '불타는 바다'라는 표현도 '불'과 '물'이라는 이질적 물질을 전격적으로 결합한 도전적 표현이다. 이러한 진취적 이미지를 동원하여 3장 12구의 간결한 시조 정형 율격으로 바다의 신비로운 아름다움과 신화적 상징성을 드러냈다. 이우걸의 이 시조를 통해 '버들리'라는 장소는 거룩한 신화적 원광을 두르게 된다.

  이러한 단형 서정 시조의 흐름은 최근의 시작까지 지속되어 꽃을 피운다. 열 번째 시집 『이명』(2003)에 실린 작품이다.

    모주처럼 알싸한 달래 향기 한 잔

    향수처럼 아련한 아지랑이 한 필

    그대가 고개 넘으며

    택배로 부치셨지요?

                                    ―「봄비 3」 전문

  이 시조에는 서정의 품격에 유머의 향기도 포함되어 있다. 정명교는 이 작품에서 "시인의 민감한 감수성", "과거와 현재의 길항을 통한 시간대들의 긴장"을 보았는데, 그것도 서정의 독특한 구성 방법을 우회적으로 드러낸 설명이다.

이 시에는 여러 가지 감각이 교차하고 있다. 제목이 '봄비'이니 이 시의 일차적 감각은 봄비 내리는 날의 시각이다. 지금 화자는 봄비를 통해 달래 향기를 느끼고 달래 향기를 통해 모주의 맛도 감득하고 있다. 거기에 더해 향수처럼 아련한 아지랑이 한 필의 감각까지 떠올린다. 달래 향기와 아지랑이가 피워 내는 감각은 복합적이고 다층적이다. 거기에는 현재의 느낌과 과거의 회상이 겹친다. "향수처럼 아련한"은 과거의 회상을 환기한다. 현재 다가오는 미각, 후각, 시각이 결합한 감각의 향연을 보며 화자는 짐짓 "그대가 고개 넘으며 / 택배로 부치셨지요?"라고 묻는다. '택배'라는 말은 '모주', '달래 향기', '아지랑이'와는 구별되는 현대의 용어다. 그대가 현대적 운송 수단인 택배를 이용해 현재의 향취와 과거의 추억을 내게 보냈느냐는 뜻이다.

이 구절을 통해 아련한 과거의 시간이 현재 상황 속에 부조된다. 과거와 현재가 접속되면서 봄비의 정취에서 풍겨난 향수가 지금 이곳의 감각으로 다가온다. 시인이 노린 것은 이러한 감각의 전환이다. "고개 넘으며"가 고난을 암시할지 모른다는 추측은 부수적이다. 중요한 사실은 현재 택배로 배송된 감각의 향연이다. 이우걸의 단형 서정시조는 이러한 연금술적 변환을 지향한다. 여기서도 시조의 정형적 율격을 그대로 유지하면서 치열한 시적 탐구의 정신을 통해 현대성을 살리는 이우걸 시조의 특성을 확연히 파악할 수 있다.

## 3. 사회적 관심을 통한 사유의 확장

시조時調라는 명칭에는 '시절 노래'라는 뜻이 담겨 있다. 어떤 시간적 상황 속에서 그 시절의 사연과 감정을 노래했다는 뜻이다. 과거 수백 년 동안 시조를 통해 당쟁의 참화를 표현하기도 하고 시대의 변화상과 자연미의 무궁함을 노래하기도 하고 연정의 애달픔과 이별의 서러움을 토로하기도 했다. 이우걸의 시에도 생활과 시대의 단면이 반영되어 있다. 어떤 시는 풍자의 감각을 보이기도 하고 어떤 시는 자탄의 감정을 토로하기도 한다. 시절 노래의 기능에 맞게 현실의 상황이 수용된다.

이우걸은 우리가 사는 현실의 여러 국면에 눈길을 던지며 삶의 현장을 시조로 표현하려는 노력을 지속적으로 보여 주었다. 그러나 그의 시조는 어떤 경우에도 무리한 현실 비판이나 민중적 담론으로 이탈하는 일이 없다. 사회에서 소외된 사람들의 삶에 관심을 보이며 그들이 지닌 소중한 인간적 가치를 드러내거나 사회적 약자를 위해 노력한 의인들에 대해 세상 사람들이 정당한 인식을 가져 주기를 희망한다. 이러한 경향도 시조가 현대성을 획득하는 창조적 방식이라고 할 수 있다. 다음은 그러한 작품의 예다.

불면의 시대를 각으로 떠서 우는
부패한 시대를 모로 막아 우는
짜디짠 너의 이름을 소금이라 부르자.

마침내 굴욕뿐인 이승의 현관 앞에서
네가 걸어와야 했던 유혈의 가시밭길
이고 진 번뇌의 하늘 그 또한 얼마였으리.

이제는 지나간 역사의 창이라지만
어느 누가 염치없이 네 이름을 훔치려 하나
소금은 말하지 않아도 제 분량의 영혼이 있다.

—「소금」 전문

  이 시조는 네 번째 시집 『사전을 뒤적이며』(1996)에 실려 있는 작품이다. 첫째 수는 부패를 막는 소금의 이미지를 빌려 한 사람의 생애를 압축했다. 그 사람은 시대의 고통을 외면하지 않고 슬퍼했으며 부패한 현실에 맞서 정의를 위해 싸움을 벌였다. 그러나 그의 노력은 정당한 인정을 받지 못하고 그것으로 인해 오히려 더 큰 시련을 겪었다. 그러한 시련과 인고의 세월을 "굴욕뿐인 이승의 현관", "유혈의 가시밭길", "이고 진 번뇌의 하늘"로 표현했다. 둘째 수에서 그가 겪은 현실의 고통을 공감의 심정으로 표현했다.

  셋째 수는 시인의 분명한 사유와 인식이 독창적 화법으로 표현되었다. 시간이 지나면 한 사람의 치열한 정신과 그 분투의 과정이 역사의 한 장에 고정되고 과거의 사건으로 박제된다. 어느 시기에 이런 사람이 있었다더라 하는 회고의 담론으로 치부된다. 치열하게 살아 본 적 없는 방관자들은 콩이야 팥이야 따지면서 그 사람이 남긴 생애의 중량을 멋대로 평가하기도 한다. 때로는 그의 위업을 빌려 계승자로 자처하면서 현실적 이득을 꾀하는 무리도 생기고 또 한편으로는 그의 한계를 비판하면서 자신의 우월성을 강변하는 무리도 나온다. 이 모든 것이 역동적 삶을 과거의 담론 속에 묶어놓으려는 부당한 술책이다. 시인은 이것을 '이름을 훔치는 일'이라고 단언했다.

정말 바람직한 것은 그 사람처럼 스스로 전력투구하여 자신이 소금이 되는 일이다. 자신의 과업은 실천하지 않으면서 논평만 앞세우는 것은 비겁하고 비열한 일이다. 죽은 자는 말이 없다지만 소금의 역할을 한 사람에게는 그 소금이 막아낸 부패와 부식의 궤적이 뚜렷이 존재한다. 부패의 위기에서 벗어난 사람들이 체험한 자랑스러운 내력이 있다. 이것은 역사에 불멸의 소금으로 기록된다. 인간 역사의 판본에 영혼의 자취가 기록된다. 소금은 모두 "제 분량의 영혼이 있"는 것이다.

같은 시조집에 수록되어 있는 다음 작품도 현실의 부패를 눈여겨 지켜보면서 분노의 세월을 인고의 자세로 보낸 한 평범한 인간의 삶을 나타냈다. 그 사람도 제 분량의 영혼을 소금으로 남겼을 것이다.

> 폭력의 정치들이 거리를 누빌 때도
> 그는 말이 없었다 창밖의 풍경에 관해
> 시간이 그런 인내를 그에게 가르쳤다.
>
> 다만 의자 위에
> 잠이 든 손님을 보며
> 그는 생각했다 잊고 있던 그의 생을
> 때로는 상처에 의해

가꾸어지는 영혼을.

거울 속으로 사라지는 푸른 날의 기억들
김 씨의 손끝은 이제 조금씩 떨리지만
그 어떤 가면 앞에서도
의연히 가위를 든다.

— 「청산이발소 김 씨」 전문

폭력의 정치를 인내와 침묵으로 보낸 한 사람. 그의 침묵과 인내를 무력한 수용이라고 볼 수도 있겠지만, 또 한편으로 보면 상처를 받으면서 그의 영혼은 더욱 승화되었다고 할 수 있다. 이제 나이 들어 분노도 비탄도 사라져 가고, 세월의 무게로 인해 손끝은 떨리고 시야도 흐려진다. 그러나 지금까지 변함없이 종사해 온 이발만은 눈을 감고서도 할 수 있다. 시대의 모순을 지켜보면서 삶의 상처를 안고 열심히 본업에 충실한 삶 자체가 자신의 부패를 막는 소금의 길이었다. 그래서 어떠한 허위와 가식 앞에서도 떳떳하게 자신의 진실을 드러낼 수 있다. 이것은 상처로 승화된 정결한 영혼의 표상이다.

같은 시조집의 다음 작품은 시조의 정형률 속에서 '가고'라는 말을 의도적으로 중첩하여 언어유희의 차원에서 현실을 풍자했다.

언니는 미국 가고

오빠는 군에 가고

엄마는 장사 가고

아빠는 저승 가고

다 낡은 목조 가옥에서

나는 쉽게 꽃을 팔고.

— 「여인숙 2 - 김홍숙 전」 전문

  마치 장난을 벌이는 것처럼 '가고'라는 단어를 반복적으로 사용해서 가정사를 펼쳐냈는데, 정작 시에 담긴 내용은 한 가정의 파탄이요 한 개인의 파국이다. 장난처럼 시작한 시어 구사와 사건 전개가 낡은 여인숙에서 몸을 파는 불우한 결말로 뒤바뀌는 반전의 구조가 충격과 비감을 자아낸다.
  세월이 흐르고 흘러 일곱 번째 시조집 『주민등록증』(2013)을 낼 때 등단 40년이 되었다. 그러나 시조의 형식 속에 현대적 감성을 서정적으로 담아내는 일은 '청산이발소 김 씨'처럼 자신의 내부에 자연스럽게 육화되었기 때문에 시간의 흐름을 넘어서서 그 자질은 변함없이 이어진다. 그런 점에서 보면 '청산이발소 김 씨'는 시인 자신을 대상화한 것이라 할 수 있다. 그는 현대적 인간관계를 다음과 같이 표현했다.

    횡선과 종선은 우연히 만났지만
    그 순간 어쩔 수 없이 각도가 생겼다

각도는 원치 않았던
그들 내면의 상처였다.

그저 달무리처럼 둥글고 싶었을 뿐
빗금이 되어서라도 부딪히고 싶진 않았다
그러나 어쩔 수 없이
각도가 생겼다.

눈 감으면 각도는 칼날처럼 떠올랐다
그 칼날은 밤새도록 어둠을 물어뜯으며
아침이 닿을 때까지
파도치며 울곤 했다.

―「관계」 전문

　인간과 인간이 만나 갈등과 분쟁이 생기는 것을 선과 선이 만나 각도를 만드는 현상에 비유했다. 갈등은 상처를 남기고 상처는 또 다른 분쟁을 야기하고 그것 때문에 인간은 불면의 밤을 보낸다. 갈등은 우연히 발생하는 것 같은데 거기서 생긴 상처는 다른 싸움의 원인이 되어 뚜렷한 각인을 남긴다. 달무리처럼 둥글고 은은하게 살고 싶었으나 인간은 끊임없이 물어뜯고 피를 흘리며 몸부림친다. 이것이 인간이 거쳐야 할 피할 수 없는 생의 운명인지도 모른다. 시인은 이러한 보편적 인간사의 곡절을 선과 각도의 비유로 함축적으로 표현했다. 넌지시 던져 놓고 많은 것을 함축하는 현대적 표현기법은 더욱 노련

해져 봉합의 흔적을 찾을 수 없는 수준에 이르렀다.

　같은 시집의 다음 작품도 가정주부가 필수적으로 사용하던 다리미를 매개로 해서 한 여인의 갑작스러운 죽음을 표현했다.

>　한 여인이 떠났습니다. 월요일 자정 무렵
> 아들, 딸은 멀리 있었고 아무도 몰랐습니다
> 가끔은 들렀다지만
> 온기라곤 없었습니다.
>
> 식은 다리미처럼 차게 굳어 있었습니다
> 그 다리밀 데우기 위해 퍼져 있던 코일들이
> 전원을 찾아 헤매다
> 지쳐 눈을 감았습니다.
>
> 한때는 뜨거운 다리미로 살았겠지요
> 웃음도 체온도 나눠 주던 얼굴이지만
> 전원을 잃어버리자
> 그만 눈을 감았습니다.
>
> 　　　　　　　　　　　　　　　　　　　ー「다리미」 전문

　이 시에는 여인의 죽음이 어떠한 정황에서 일어났는가를 알려 주는 몇 개의 표지가 있다. "월요일 자정 무렵"에 떠났다고 했는데, 월요일은 한 주가 시작되는 날이고 자정은 모두가 잠든 시간이다. 남들은 새

롭게 한 주를 시작하는 날 한밤중에 온기도 없는 방에서 외롭게 세상을 떠난 것이다. 그 차갑고 외로운 죽음의 모습을 "식은 다리미처럼 차게 굳어 있었습니다"로 표현했다. 몸의 혈관이 막혀 세상을 떠났으니, 다리미를 데우던 코일이 지쳐 눈을 감은 것으로 표현했다. 한때는 웃음도 체온도 나누어 주면서 뜨거운 다리미처럼 활기차게 살았던 사람이 전원이 끊기면서 온기를 잃고 완전히 눈을 감은 것이다. 식은 다리미와 그 다리미를 애용하던 늙은 여인을 동일화하면서 삶과 죽음의 경계를 다리미로 형상화했다. 사회적 관계의 단절과 인간 존재의 외로움을 다리미라는 사물로 비유한 점에 발상의 새로움과 인간 탐구의 세밀함이 드러난다. 이로써 인간 탐구는 그의 시의 중요한 줄기를 형성한다.

### 4. 자아 탐구와 인생론의 지평

그의 일곱 번째 시조집 『주민등록증』(2013)의 표제작 「주민등록증」은 자화상의 창조를 통한 인생론의 개진으로 시인의 자아 탐구의 면모를 집약한 명작이다.

> 가느다란 가지 끝에 새처럼 앉아 있었다
> 가지들 흔들릴 때면 옮겨 가며 앉아 있었다
> 옮겨 간 그 가지마다 너는 나와 함께 있었다.

이제 남은 반백과 희미해진 지문 앞에서
손 흔들 사이도 없이 빠져나간 시간 앞에서
나라고 외치는 너를 물끄러미 바라본다.

지상에서 나의 기거를 증명해 온 기록이여
숨 가쁘게 달려온 내 삶의 방향이여
수십 번 넘어지면서도 웃고 있는 얼굴이여.

―「주민등록증」 전문

  자신의 모습을 "가느다란 가지 끝에 새처럼 앉아 있었다"로 표현한 것은 특이하면서도 정확한 표현이다. 인생의 경로는 가느다란 가지와 같고, 인간이란 그 가지 끝을 옮겨 다니는 새와 같다. 사람은 어느 곳을 가든 자기 신원을 밝히는 주민등록증을 갖고 다니니 주민등록증은 자신의 분신과도 같다. 그래서 증서에 인격을 부여해 '너'라고 했다. 발행된 지 오래된 주민등록증이라 사진도 지문도 희미해 보인다. 어느새 시간은 잘 가라고 "손 흔들 사이도 없이" 우리들 사이를 빠져나가 사라져 버리고 말았다. 희미해진 주민등록증 사진 속의 '나'가 이게 진짜 '나'라고 외치는 듯하다. 화자는 시간의 흐름을 절감하며 자신을 물끄러미 바라본다. 조용한 응시와 묵상의 시간이다. 결국은 이 증서 하나에 매달려 자신을 증명하느라고 분주히 움직여 온 것이다.
  숨 가쁘게 달려 온 지난 삶을 돌아보니 고난의 길이 많았다. 그런데도 주민등록증 속의 사진은 처음 사진을 찍었을 때의 모습 그대로 아무 일 없다는 듯 웃고 있다. 세월의 흐름이 차단된 형상이다. "수십 번 넘어지면서도 웃고 있는 얼굴" 어쩌면 이것이 우리들의 본모습일지 모른다. 그 모습을 향해 우리 모두 달려가야 하는지 모른다. 이처럼 이 시는 주민등록증을 매개로 하여 자아 정체성을 확인하고 자신을 성찰하는 새로운 상징의 지점을 창조했다. 시조의 형식 속에 자아 탐구와 존재 발견이라는 현대적 주제를 형상화했다.

 이런 성취가 하루아침에 이루어지는 것은 아니다. 과거로부터의 노력이 있었기에 가능하다. "수십 번 넘어지면서도 웃고 있는 얼굴"에 도달하기 위해서는 치열한 예술적 탐구의 과정이 필요하다. 그리고 자아 성찰에는 매개가 필요하다. 어떤 대상에서 의미를 발견해서 살아온 삶을 반추하고 자신을 성찰하게 된다. 그러한 과정이 자아 탐구와 존재 성찰로 이어진다. 세 번째 시조집 『저녁 이미지』(1988)에 실린 다음 시는 박물관의 유물을 통해 자신의 존재를 성찰하는 선구적 사례로 제시할 수 있다.

  좌정한 부처처럼 너는 웃고 있구나
  전쟁이 스쳐 가고 한 왕조가 이지러지고
  독 섞인 술을 권하던
  그 음모의 밤도 갔건만.

  기억의 잔해를 붙들고 살아 쓸쓸한 이름이여
  다만 네, 있어 증언할 한 잔의 허무를 위해
  우리는 무명의 도공

또 오늘을 새기는 걸까.

—「잔 - 박물관에서」 전문

　박물관에서 오래된 도자기를 보았다. 화자는 도자기를 '너'라고 지칭하며 좌정한 부처처럼 웃고 있다고 했다. 전폭적인 신뢰감과 애정의 표현이다. 그 잔을 배경으로 많은 일들이 지나갔으리라. 전쟁이 일어나기도 하고 왕조가 바뀌기도 하고 독 섞인 술을 먹이는 음모의 밤도 있었을 것이다. 이렇게 되면 잔은 좌정한 부처의 형상이 아니다. 희로애락의 내력을 관통한 역사의 증인으로 의미가 바뀐다. 그러나 지금 이 빈 잔이 하는 일은 아무것도 없다. 이 잔에 술 한 잔을 따라 먹는다 해도 아무 변화가 일어나지 않을 것이다. 그런 관점에서 보면 잔은 "기억의 잔해를 붙들고 살아" 남은 쓸쓸한 존재가 된다. 역사의 유물로 남은 빈 잔은 허무를 증언하는 듯하다.

　우리는 그 잔을 바라보며 역사를 생각하고 우리의 삶을 떠올린다. 과거 이 잔을 빚은 도공은 아무 생각 없이 도자기를 만들었겠지만 우리는 각자 자신의 위치에서 도자기에 의미를 부여한다. 그리고 자기 자리에서 제각기 자신의 도자기를 빚고 있다. 그런 점에서 우리는 고독한 존재다. 그 도자기에 무엇을 새길지는 각자의 몫이다. 무엇을 새기느냐에 따라 무명의 도공이 되기도 하고 역사에 이름을 남기는 존재가 되기도 한다. 미래의 어느날 허무의 잔으로 우리를 맞이한다 해도 우리는 오늘 각자 자신의 몫을 묵묵히 각자의 잔에 새길 뿐이다.

　이렇게 개인적 삶의 의미를 성찰한 시인은 좀 더 시야를 넓혀 생과 사가 교차하는 삶의 단면을 시조의 정형 양식 속에 담으려 했다. 시조라는 제한된 양식 속에서 삶의 넓은 국면을 다루는 것은 쉽지 않은 일이어서 시인은 어느 한 장면에 생의 축도를 새기는 압축과 암시의 방법을 구사했다. 압축과 암시의 구도를 조성하는 것은 시조의 양식적 특징에 잘 부합하는 일이기도 하다. 그러나 원심적으로 확산하는 생의 국면과 시조라는 구심적 정형의 형식이 결합하여 하나의 작품으로 승화하는 것은 쉬운 일이 아니다. 그 어려움을 뚫고 시인의 예술적 노력은 기대 이상의 성취를 보였다. 같은 시조집의 작품이다.

> 그대의 블라우스가 바람에 나부끼고
> 실비를 맞으며 우산들이 분주하고
> 백화점 쇼윈도에는 닿지 않는 빗방울들.
>
> 얼굴을 가리고 누군가가 들어가고
> 산부인과 병원 가까이 서 있던 영구차 하나
> 이승의 터널을 지나
> 어디론가 가고 있고.
>
> ―「오늘」 전문

시인의 시선은 비가 내리는 일상의 거리를 향하고 있다. 실비가 오는 가운데 우산을 쓴 사람들이 분주히 움직이고 블라우스를 바람에 나부끼며 거리를 걷는 여성이 있다. 거리에 비가 내리지만, 백화점 쇼윈도 유리창에는 빗방울이 닿지 않는다. 쇼윈도를 분기점으로 빗방울이 떨어지는 거리와 빗방울이 닿지 않는 실내로 나누어진다. 당연한 이 사실을 시인은 시의 한 행을 사용해 서술했다. 굳이 시의 소재가 될 것 같지 않은 일상의 삶을 시인은 가감 없이 보여 주었다. 지극히 평범한 일상의 단면을 보여 준 다음에 그것과 오버랩하여 시인은 삶과 죽음이 교차하는 국면을 다시 아무렇지 않은 듯 배치하여 무정한 인생사의 축도를 그려낸다.

그 백화점 안으로 누군가가 얼굴을 가리고 들어간다. 모두 자기 일을 하느라고 정신이 없다. 그런데 산부인과 병원 가까이 서 있던 영구차 하나가 운행을 시작한다. 산부인과는 산모들이 어린아이를 낳는 곳이다. 새로운 생명이 태어나는 장소가 산부인과인데 영구차가 무언가를 실어 나른다면 아이를 낳다 잘못된 산모일 가능성이 크다. 블라우스를 나부끼며 경쾌하게 거리를 걷는 여성이 있고, 우산을 쓰고 분주히 움직이는 사람들이 있는가 하면, 산부인과 병원에서 목숨을 잃고 영구차에 실려 이승의 터널을 지나 어디론가 가는 일도 있는 것이다. 무심한 가운데 한쪽에서는 생이 약동하고 그와 똑같은 순간에 한쪽에서는 생명이 소진하는 일이 발생한다. 이것이 인생이다.

시인은 '오늘'이라는 평범한 제목으로 무심한 어조를 택하여 생의 양면을 열어 보였다. 제목이 '오늘'이 아니라 '인생'이라도 된다는 듯이. 생사의 국면을 이렇게 무심하게 펼쳐 내는 데에는 상당한 절제의 정신이 필요하다. 여기 투입된 절제의 저력은 보통 이상의 것이다. 감정의 낭비를 막는 철저한 절제의 의지가 시행 사이에 응축되어 있다. 이러한 정신의 기상이 있었기에 「주민등록증」 같은 자기 발견에 이른 것이다.

세월이 흘러 최근의 시집 『이명』(2023)에 실린 「자화상」은 군더더기를 걷어낸 '자화상'이란 제목으로 자신의 또 다른 모습을 보여 준다.

먼 곳을 향해 가는 삼등 열차였다
누가 타고 내려도 그저 앞을 보면서
정해진 종점을 향해 쉬지 않고 달렸다

사변을 만나고, 기아에 허덕이고, 독재를 만나고, 시위에 휩싸이고
내 생이 스친 역들은
늘 그런 화염이었다

그러다 돌아보니 내가 안 보였다
다른 짐은 그대로인데 나는 어디에 있을까
맞은편 신호등 앞에
한 노인이 서 있었다

— 「자화상」 전문

70대 후반에 이른 자신의 모습은 낯선 노인의 형상이다. 편하게 지낸 적이 없고 삶의 저변을 걸어 왔으니 자기 삶은 "삼등 열차"라고 했다. 잘 살기 위해 앞으로만 가라는 말을 따랐다. "그저 앞을 보면서 정해진 종점을 향해 쉬지 않고" 달린 것이 그의 인생이었다. 1946년에 태어나 철도 모르는 나이에 6·25 사변을 치르고 아시아 최저 빈곤국의 기아에 시달리고 여러 차례 독재를 거치면서 시위와 화염병에 휩싸인 그의 생은 시련의 연속이었다. 그야말로 "화염"의 세월을 살아온 것이다. 삼등 열차에 올라 열심히 앞만 보며 달려왔는데 다시 돌아보니 자기 모습이 보이지 않았다. 모든 것이 그대로인 것 같은데

"나는 어디에 있을까"생각한다. 자아 탐구, 존재 발견의 새로운 출발이다.

"맞은편 신호등 앞에 / 한 노인이 서 있었다"라고 했다. 자기를 객관화하여 보려고 "맞은편 신호등"이라고 했다. 거기 있는 사람의 모습은 낯선 노인이다. 그는 낯선 노인이 된 것이다. 여기서 다시 자신의 실체를 찾으려는 뜨거운 출항이 기대될 만하다. 70의 연치를 떨치고 일어나 문학과 예술의 힘으로 전개되는 가열찬 탐구의 여정이 전개될 만하다. 그는 앞에서 본「잔」에서 박물관의 도자기를 통해 자신을 성찰하는 작업을 벌인 것처럼 박물관의 빗살무늬토기를 보고 생의 의미를 탐구하고 있다.

1
우연히 마주 앉아 너를 살펴본다
막 깨어난 아이처럼 얼굴이 볼그레하다
빗금이 머금고 있는 굴곡진 삶도 보인다

갈퀴 같은 손으로 강과 들을 헤매던
설한雪寒의 세월 속에서 태어난 지혜여
정착의 꿈이 빚어낸 또 하나의 발명이여

2
우리 삶의 뒷골목에는 늘 그늘이 살고 있다
그것들의 어딘가에는 빗살무늬가 새겨진다

격랑을 이겨 낸 자의 뜨거운 심전도 같은
　　　　　　　　　　　　　　　　　―「빗살무늬토기」 전문


　1과 2로 나누어진 단락은 빗살무늬토기를 바라보는 시선과 삶의 이면을 성찰하는 시선의 차이를 나타낸다. 앞의 「잔」에서 도자기를 웃음을 띤 좌정한 부처로 보았던 것처럼 여기서는 "막 깨어난 아이처럼 얼굴이 볼그레"한 아이의 모습으로 그리고 있다. 대상에서 친근감과 다정함을 느끼는 것은 동등하다. 빗살무늬토기이니 토기 표면에 빗금의 무늬가 보이는데 그것을 굴곡진 삶의 궤적으로 보았다. 막 깨어난 아이와 굴곡진 삶의 거리는 꽤 큰데 그만큼 다양한 시각으로 토기를 보고 있음을 알 수 있다. 처음에는 막 깨어난 아이처럼 천진한 모습이었는데 가만히 들여다보니 삶의 내력이 보였다고 해석할 수도 있다.
　둘째 수에서는 여기서 더 나아가 고난의 역사를 서술했다. 토기를 만들고 사용하던 사람들이 겪은 고난의 삶이다. "갈퀴 같은 손으로 강과 들을 헤매던" 사람들이 어느 지역에 정착하여 토지를 일구게 되자 거기서 새로운 삶을 펼치기 위해 토기를 빚은 것이다. 토기를 빚다가 무언가 새롭게 해 보려고 빗살무늬도 넣었을 것이다. 시인은 그 토기를 "설한雪寒의 세월 속에서 태어난 지혜"라고 명명했다. 눈 내리는 추운 계절을 지나 정착의 꿈을 이루게 되자 지혜를 발휘하여 생활에 이로운 물품을 만들게 된 것이다.
　이렇게 1단락에서 토기의 내력을 서술한 다음에는 2단락에서 시선을 바꾸어 우리들 삶의 국면을 떠올려 빗살무늬와 관련지어 성찰하고 있다. 우리들도 앞의 사람들과 마찬가지로 갈퀴 같은 손으로 강과 들을 헤매며 설한의 세월을 살아왔다. 삶의 그늘은 과거에도 현재에도 드리워 있다. 삶의 그늘을 마주할 때 빗살무늬를 새기며 시련을 견뎌냈다. 정착의 정신으로 토기를 만들고 거기 무늬도 새겨 넣은 것이다. 시인은 삶의 그늘에 새겨진 빗살무늬를 "격랑을 이겨 낸 자의 뜨거운 심전도"에 비유했다. 심전도는 우리 심장의 파동을 그래프로 기록한 양식이다. 현대시조답게 현대적 사물을 빌려 고전적 빗살무늬토기의 문양을 비유했다.

시상의 흐름은 "설한雪寒의 세월 속에서 태어난 지혜", "정착의 꿈이 빚어낸 또 하나의 발명", "격랑을 이겨 낸 자의 뜨거운 심전도"로 이어진다. 고난의 삶을 견뎌 내고 그것을 극복하기 위한 도구가 빗살무늬토기였다. 그것을 지혜로 삼으면 오늘의 그늘에도 대처할 수 있을 것이다. 중요한 것은 빗살무늬토기라는 사물을 대상으로 자아를 성찰하고 인생을 탐구한 상상적 전환의 과정이다. 어떤 추상의 차원에서 사색을 전개한 것이 아니라 구체적 형상을 통해 시인의 사유가 저절로 드러나게 했다. 이것이 시의 본질이며 이 본질을 현대적 이미지를 통해 구사했으니 현대시조다운 면모를 충분히 보여 주었다고 평가할 수 있다.

## 5. 맺음말

우리의 관심은 이우걸 시인의 시조가 현대시조로서의 특징을 잘 갖추고 있느냐에서 출발했다. 현대성이라는 수식어는 소재의 현대성과 표현 방식의 현대성이란 의미를 둘 다 내포한다. 현대적 소재를 취하거나 현대적 방법으로 표현해야 현대시조라고 할 수 있다. 이우걸은 초기부터 시조 정형성의 바탕 위에서 개성적 수사와 현대적 사유를 결합한 격조 높은 작품을 창조했다. 그뿐 아니라 그러한 특징을 초기로부터 현재까지 초지일관 여일하게 지속·발전시켜 왔다. 이 점은 매우 자랑스러운 일이다. 나는 그의 시조가 정형의 틀을 완전히 용해하여 정형성을 현대성 구현의 자양으로 자연스럽게 활용하기를 바라는 사람이다. 그의 시조는 우리의 희망을 충족시키는 방향으로 전개되었다.

그의 초기 단시조는 정형성과 서정성의 유려한 결합을 보여 주었다. 묘사의 기법과 새로운 이미지를 구사하여 시조 양식이 접근할 수 있는 고도의 현대성을 창안했다. 감각의 다채로운 변환을 통해 상상력의 연금술적 변환을 시도했다. 시조의 정형적 율격을 그대로 유지하면서 치열한 시적 탐구의 정신을 통해 현대성을 드러내려는 그의 노력은 유효한 결실을 거두었다.

또 한편으로 그의 시조는 사회적 관심을 통한 삶의 확장을 보여 주었다. 이우걸은 현실의 여러 국면에 비판의 눈길을 던지며 삶의 현장을 시조로 표현하려는 자각을 보여 주었다. 무리한 현실 비판이나 민중 담론으로 이탈하지 않으면서 사회에서 소외된 사람들의 삶에 관심을 보이며 그들이 지닌 소중한 인간적 가치를 드러내고 사회적 약자를 위해 노력한 의인들의 삶에 존경을 표시했다. 이러한 경향도 시조가 현대성을 획득하는 창조적 방식이라고 할 수 있다. 현실 상황을

직접적으로 드러내지 않고 암시와 비유라는 서정적 기법을 통해 현실에 대한 비판 의식을 환유했다. 넌지시 던져 놓고 많은 것을 함축하는 현대적 표현기법은 그의 시조를 더욱 원숙한 차원으로 이끌었다.

서정성과 현실성의 결합을 통해 그의 시조는 자아 탐구와 인생론적 담론의 지평을 보여 주었다. 이러한 특징은 세 번째 시조집 『저녁 이미지』(1988)에서부터 나타나며, 일곱 번째 시조집 『주민등록증』(2013) 이후 더욱 두드러진 양상을 보인다. 그 시집의 표제작 「주민등록증」은 자화상의 창조를 통한 인생론의 개진으로 시인의 자아 탐구의 면모를 집약한 명작이다. 시조의 형식 속에 자아 탐구와 존재 발견이라는 현대적 주제를 형상화했기 때문이다. 열 번째 시집 『이명』(2023)에 실린 「자화상」은 군더더기를 걷어 낸 '자화상'이란 제목으로 자신의 또 다른 모습을 보여 주었다. 이제 시인은 예술가적 삶의 최정점에서 다시 자신의 실체를 찾으려는 뜨거운 출항을 시도할 만하다. 백세시대의 노장으로 자아 탐구의 가열찬 여정을 새롭게 펼칠 만하다.

이처럼 이우걸의 시조는 정형성과 현대성의 결합이라는 현대시조의 중요한 과제를 원심력과 구심력의 조화를 이루면서 넓고 깊게 탐구하여 현대시조 창작의 전범을 이룩했다. 그런 특징이 어느 시기에 국한된 것이 아니라 초기부터 지금까지 50년 넘는 세월 동안 변함없이 지속되어 왔다는 사실이 더욱 중요하다. 이러한 성취를 한국 현대시조사의 쾌거라 불러도 지나친 말이 아닐 것이다. 아직 정신이 명쾌하고 근력이 강건하니 그의 탐구와 창조의 행로는 여일하게 전개될 것이다. 그의 기상이 넓고 푸르게 벋어가기를 바랄 뿐이다.

작품 찾아보기
이우걸 연보
이우걸 작품 연보

## 작품 찾아보기

**ㄱ**

가계부 216
가야산 214
가을 495
가을 기도 117
가을비 405
가을 언덕 74
가을 위양호 394
가족 222
가족사진 289
감정 322
강 112
강 158
개양귀비꽃 493
거미 525
거울 2 175
거울 3 176
거울에게 108
거울에게 497
겨울나무들 516
겨울 미사 454
겨울 삽화 84
겨울 신경통 36
겨울 정원 70
겨울 청소부 118
겨울 항구 182

겨울 해변 383
결혼 459
계단 386
고모 372
고인돌 393
고향 453
공감 534
과일 195
관계 320
교각 위에 피어 있는 네 송이 들꽃을
　보며 336
구두 360
구두에게 350
구름 123
구름 457
구름의 말 1 184
구름의 말 2 188
국수처럼 416
국어사전 524
굽 351
귀 481
귀뚜라미 바다 505
그늘 375
그대를 보내며 146
그대 보내려고 37
그래도 남는 게 있다면 26

그릇 203
그믐 395
기러기 1 271
기러기 2 296
기러기 율律 133
기억의 향기 537
길 104
길 367
길 392
길 428
꺼지지 않는 불꽃 421
껌 417
꽃 42
꽃 276
꽃 396

ㄴ

나는 아직도 434
나무 538
나사 1 191
나사 2 140
나의 노트북 시대 504
나이테 371
나이테를 바라보며 156
낙동강 297
낙엽 539
낙엽들 398
낙화 68
낙화유수 452
낡은 비유지만 346
남강 찬가 469
남천강 390

남해 맑은 물은 40
낮달 128
낮술 321
넥타이 197
노래 23
노래 231
노리 293
노을 161
노을 480
눈 71
눈 127
눈 169
눈 226
눈 388
눈과 귀 410
눈물 437
눈사람 517
눈 오는 밤 32
눈은 내리는데 356
능소화 458
늪 254

ㄷ

다리미 327
단풍물 73
단풍잎 442
달맞이꽃 148
대 224
대구, 대구 사람들 529
대학 시절 385
덕봉서원 470
덕암산 531

덕유교육원 305
데스마스크 426
도리원挑梨園 주변 33
도서관에서 205
도시 258
돌 187
동백 368
동백꽃 332
돌섬 503
두포리 서신 267
드라이브 286
등 407
디스크 526

ㄹ

라면 474
라벨 484
링 282

ㅁ

마산 200
마산교도소 256
마스크 500
마지막 기도 425
만년필 324
말 523
매화 별사別辭 232
맹인 213
면도날 52
명가네 닭갈비집 465
명함 399

모교 302
모닝커피 382
모란 142
모자 260
모자 387
모자 414
모자점에서 329
목련꽃 96
목욕물 114
못 199
못가에 앉아서 456
무게 494
무덤 266
무지개 196
묵언 시집 422
문 150
문상問喪 514
문자 메시지 436
물 20
물 315
물 506
물에 대하여 429
뮤즈에게 51
밀양 264
밀양역 344

ㅂ

바다 91
바다 하나가 34
바람의 노래 492
바퀴는 돌면서 379
박재삼 문학관 357

반도 빌딩 안내도　349
반지　90
발견　55
발견　406
발에게　246
발자국　540
밥　361
방 1　85
방 2　86
방 3　87
방명록　400
방문　249
방황　167
배　229
배　411
백지　179
버들리 1　268
버들리 2　269
버들리 3　270
벚꽃은 떨어지면서　248
벤치　508
벽　93
변기　204
별　122
별　180
별사別辭　487
보름달　449
복숭아　262
봄　252
봄날　455
봄밤　265
봄, 부산약국　314
봄비　69

봄비　451
봄비 3　479
부곡온천　338
부록　277
부분에 대하여　522
부음　377
북천역　464
불　63
불씨　397
불황　475
브라운관의 미녀들　347
비　76
비　185
비　520
비 2　278
비누　89
비망록　189
비밀　521
빈 배에 앉아　49
빗방울　263
빗살무늬토기　515


ㅅ

사계의 노래　535
사과　424
사랑 노래　125
사막　244
사무실　275
사전을 뒤적이며　141
산으로 가고 있다　447
산이 고맙고　373
산인역　242

삼랑진 강둑에서 235
삼랑진역 333
상선병원에서 541
상처 284
새벽 280
새벽 교회 종소리 43
새벽 두 시의 시 190
서랍 325
서서 우는 비 233
서우승에게 312
서운암 533
서울역 엘레지 471
석간 236
섬 61
성묘 287
성묘 362
세계는 갑자기 19
소곡小曲 193
소금 162
소낙비 511
소리 60
손 58
손 177
손 2 88
손톱 310
수繡 57
수저 247
숙제 431
숯 95
숲으로 된 성벽 532
습작 노트 129
시 309
시계 168
시계 352
시계 518
시바스 리갈 225
시작詩作 319
시조 전집을 다시 읽으며 415
시집 412
식구 181
신문 250
신발 170
실상사 194
실업 241
십일월 311
십일월 432
쓰디쓴 상처였다 435

ㅇ

아가雅歌 124
아메리카 116
아, 봄 304
아직도 거기 있다 369
아직도 우리 몸속엔 218
아직도 우리 주위엔 직선이 대세다 345
아침 식탁 460
아파트 130
아홉 시 뉴스를 보며 160
안개 178
안개비 527
안경 281
안항 29
약 433
약속 171

어느 날 아침  510
어느 독주회  153
어두운 창을 열고  25
어둠을 연주하는 두 개의 에스키스
　　418
어머니  151
어머니  355
어쩌면 이것들은  50
억새  485
여름  163
여인숙 1  207
여인숙 2  208
역驛  134
연필  340
연필화 앞에서  201
열쇠  234
열쇠  307
열쇠  483
염색  354
엽서  75
영화관에서  462
옛집에 와서  147
오늘  111
오월, 맑음  298
오후  448
옷  300
와이퍼 혹은, 와이프  489
외환은행 입구  65
요즘 편지  202
우리나라  110
우리 누나  83
우리들의 집  28
우울한 캘린더  326

우포 이야기 1  443
우포 이야기 2  444
우포 이야기 3  445
웃음  285
월평을 읽으며  313
위력 없는 서류 위에 도장을 찍으면서
　　도  94
위양못  450
유리창  488
유운연화문  306
유천역  145
의자  47
이름  215
이메일  358
이명耳鳴  334
이명 2  378
이명 3  490
이명 4  498
이별 노래  279
이슬  30
익명을 꿈꾸며  92
인교에서  376
인생  501
일기  165
입술 1  97
입술 2  98
입술 3  99
입술 4  100
입술 5  101
입술 6  102
입원  240
잎  155
잎들  530

## ㅈ

자가용 353
자리 290
자매들 482
자정에 이 닦기 62
자화상 507
작은 중국집 512
잔 64
잔 82
잔 143
잔나비 39
장독 339
장맛비 294
장모님께 499
장사익 427
저녁 식탁 219
저녁 이미지 103
전화 152
전화 223
정거장 381
제일祭日 54
조화 308
종鐘 384
종이배 56
종점 299
주말은 비 109
주민등록증 330
주민등록증 1 144
주민등록증 2 192
줄 이야기 430
지금은 누군가 와서 35
지리산 1 172
지리산 2 173

지리산 3 174
지상의 밤 166
지환指環 31
진해역 301
집 408
집안현集安縣 처녀 228
징 348
징조 198

## ㅊ

찬 이마 마주 댑히면 38
찻잔 221
찻집 '구월' 120
책 67
책의 죽음 206
첫사랑 374
청산이발소 김 씨 186
초승달 27
초승달 502
촌락을 지나며 303
추서追書 439
추억의 마산항 536
치과에서 291
치통 491
침대 438

## ㅋ

카카오톡 468
카페 '느림' 472
카페라테 496
카페 피렌체 323

카페 피렌체에서  461
칼  66
커피에게  343
커피 자판기 앞에서  519
코스모스  72
코스모스  335
키스  337

**ㅌ**

탑  220
터미널 엘레지  440
토란잎  370
통화  239
튤립  413
틀니  359
틈  342

**ㅍ**

파도  24
판자촌 입구  389
팔판마을  473
팽이  81
편지  22
편지  126
편지  157
편지 1  149
폐가  295
폐원에서  380
품  446
풍경  132
퓨즈  227

프라하 공항  463
프로필  328
피  237
피아노  230

**ㅎ**

하늘안과  420
하류  509
하수구  115
하현달  121
한로寒露 부근  53
항구  119
해금 시인 시집을 읽으며  164
해변의 모텔  486
해 질 무렵  48
해 질 무렵  154
향리  253
혈연  331
형님  183
호미곶에서  391
호수  288
화엄사  363
환승역  341
휴가  238
휴대폰  292
휴대폰 1  466
휴대폰 2  467
흉터  283
흙  159
흙을 위한 연가  528
희망  139

## 이우걸 연보

| | |
|---|---|
| 1946 | • 경남 창녕군 부곡면 부곡리에서 한학자漢學者 부친 이광화 선생과 모친 차진순 여사 사이의 8남매 중 일곱째로 태어남. |
| 1953 | • 부곡초등학교에 입학했으나 팔 부상으로 자퇴함. |
| 1954 | • 부곡초등학교 재입학(1960년 졸업). |
| 1960 | • 부곡중학교 입학(1963년 졸업). |
| 1963 | • 밀양 세종고등학교 입학(1966년 졸업). |
| 1967 | • 경북대학교 사범대학 사회교육과 입학(역사 전공, 1974년 졸업). 이때 문우 서종택을 만남.<br>• 육군 입대(원주·서울·증평·서산·태안 등에서 병영 생활을 함). |
| 1970 | • 육군 제대와 동시에 경북대학교에 복학. |
| 1971 | • 학보에 발표된 작품 「엽서」, 「코고무신」 등에 대한 김춘수 교수의 격려로 문학에 뜻을 굳힘. |
| 1972 | • 손병현·이동순·이현우 등과 동인지 『선실』을 창간하여 2집까지 펴냄.<br>• 대구 '전원다실'에서 시화전을 가짐. 김춘수·권기호 교수의 격려가 큰 힘이 되었음.<br>• 이해에 『월간문학』에 투고, 당선되었으나, 심사위원 이영도 선생의 권유로 이듬해 『현대시학』에 「이슬」, 「지환」, 「편지」, 「설야」, 「도리원 주변」 등의 작품으로 3회 추천을 받음. |
| 1973 | • 『현대시학』에 3회 추천으로 등단, 영남시조문학회 '낙강' 가입.<br>• 동인지 『현대율現代律』 창간 멤버로 활약함. 이때 문우 박시교·유재영을 만남. |
| 1974 | • 충남 태안고등학교 교사로 부임. |

| | |
|---|---|
| 1976 | • 이광자와 결혼. 이해 아들 남중(南中)이 태어남. |
| 1977 | • 부친 송파 이광화 선생 타계. |
| | • 첫 시집 『지금은 누군가 와서』(학문사) 출간. |
| 1979 | • 딸 혜진(惠眞)이 태어남. |
| 1981 | • 시집 『빈 배에 앉아』(흐름사) 출간. |
| 1982 | • '마산시조문학회' 결성. |
| 1983 | • 윤금초·박시교·유재영 등과 사화집詞華集 『네 사람의 얼굴』(문학과 지성사)을 출간하고, 이 시집에 실린 작품 「비」로 중앙일보사 제정 제2회 중앙시조대상 신인상을 유재영과 함께 수상함. |
| 1984 | • 시조평론집 『현대시조의 쟁점』(나라) 출간. |
| 1985 | • 제8회 마산시 문화상(문학 부문)을 수상. |
| 1988 | • 시시집 『저녁 이미지』(동학사) 출간. |
| 1989 | • 평론집 『우수의 지평』(동학사) 출간. |
| | • '마산시조문학회'를 '경남시조문학회'로 개칭하고 회장이 됨. |
| | • 제8회 성파시조문학상, 제11회 정운시조문학상 수상. |
| 1991 | • 장석주와 함께 『현대시조 28인선』(청하) 출간. |
| 1992 | • 모친 차진순 여사 타계. |
| | • 경남신문 신춘문예(손남옥) 심사위원이 됨. |
| 1993 | • 경남신문 신춘문예(진혜정) 심사위원이 됨. |
| 1994 | • 제33회 경상남도문화상(문학부문)을 수상. |
| 1995 | • 1980~90년대 괄목할 만한 시인의 사화집詞華集 『다섯 빛깔의 언어 풍경』(동학사)을 윤금초와 함께 출간. |
| | • 제14회 중앙시조대상 수상. |
| | • 경남신문 신춘문예(이영필) 심사위원이 됨. |
| 1996 | • 마산문인협회 회장이 됨. |
| | • 시집 『사전을 뒤적이며』(동학사) 출간. |
| 1997 | • 『시조시학』 제2대 주간이 됨. |
| 1998 | • 이행수 교수와 함께 시조산문집 『나는 아직도 안녕이라 말할 수 |

|      | 없다』(영언문화사) 출간. |
|---|---|
|      | • 매일신문 신춘문예(조영두) 심사위원이 됨. |
| 1999 | • 매일신문 신춘문예(임성화) 심사위원이 됨. |
| 2000 | • 제10회 이호우시조문학상, 경남문학상 수상. |
|      | • 시선집 『그대 보내려고 강가에 나온 날은』(태학사) 출간. |
|      | • 매일신문 신춘문예(옥영숙), 경남신문 신춘문예(최영효) 심사위원이 됨. |
| 2001 | • 평론집 『젊은 시조문학 개성 읽기』(도서출판 작가) 출간. |
|      | • 매일신문 신춘문예(송진환) 심사위원이 됨. |
| 2002 | • 제6회 경남시조문학상 수상. |
|      | • 경남신문 신춘문예(서성자) 심사위원이 됨. |
| 2003 | • 반년간 문예지 『서정과 현실』(도서출판 작가) 창간호를 펴내고 편집인이 됨. |
|      | • 시집 『맹인』(고요아침) 출간. |
|      | • 밀양공고 교장으로 승진. |
|      | • '경남문인협회' 회장으로 선출됨. |
|      | • 제40회 한국문학상 수상. |
|      | • 동아일보 신춘문예(유종인) 심사위원이 됨. |
| 2004 | • 진해고등학교 교장으로 부임함. |
|      | • 시선집 『지상의 밤』(시선사) 출간. |
|      | • 문예지 『서정과 현실』 2, 3호를 펴냄. |
|      | • 동아일보 신춘문예(김미정), 중앙일보 신춘문예(정혜숙), 이호우·이영도시조문학상(박기섭, 김일연) 심사위원이 됨. |
| 2005 | • 『서정과 현실』 4, 5호 펴냄. |
|      | • 이호우·이영도시조문학상(오승철, 박옥위), 중앙일보 신춘문예(정선주) 심사위원이 됨. |
| 2006 | • '오늘의 시조학회' 회장이 됨. '경남문인협회' 회장에 재선됨. |
|      | • 김해대청고등학교 교장으로 부임. |

| | |
|---|---|
| | • 『서정과 현실』 6, 7호를 펴냄.
• 중앙시조대상의 대상(김연동) 및 신인상(김세진), 경남신문 신춘문예(이은정), 국제신문 신춘문예(김종훈) 심사위원이 됨. |
| 2007 | • '오늘의 시조시인회' 학회지 『오늘의 시조』를 창간하고 젊은시조시인상을 제정, 시상(수상자: 문희숙, 서연정).
• 『서정과 현실』 8, 9호를 펴냄.
• 경상남도 밀양교육청 교육장으로 취임함.
• 중앙시조대상의 대상(이승은) 및 신인상(우은숙), 경남신문 신춘문예(김명희), 국제신문 신춘문예(이광) 심사위원이 됨.
• 딸 혜진이 결혼함(사위 김태성). |
| 2008 | • '오늘의 시조시인회' 의장으로 재선됨.
• 『서정과 현실』 10, 11호를 펴냄.
• 제28회 가람시조문학상 수상.
• 경남신문 신춘문예(이남순), 부산일보 신춘문예(이서원) 심사위원이 됨. |
| 2009 | • 밀양교육장을 끝으로 교직에서 퇴임함.
• 시조집 『나를 운반해온 시간의 발자국이여』(천년의시작) 출간.
• 경남신문 신춘문예(이정홍), 이호우·이영도시조문학상(문무학, 홍성란) 심사위원이 됨.
• 『서정과 현실』 12, 13호를 펴냄. |
| 2010 | • 경남문학관 관장으로 취임함(2011년 퇴임).
• 국제신문 신춘문예(오영민) 심사위원이 됨.
• 『서정과 현실』 14, 15호를 펴냄.
• 산문집 『질문의 품위』(도서출판 작가) 출간. |
| 2011 | • 김상옥시조문학상 수상.
• 경남신문 신춘문예(김종영), 가람시조문학상(김연동, 김선화) 심사위원이 됨.
• 『서정과 현실』 16, 17호를 펴냄. |

| 2012 | • '한국시조시인협회' 이사장으로 취임하여 기관지『시조미학』을 창간함. |
|---|---|

- 윤금초·박시교·유재영 등과 사화집詞華集『네 사람의 노래』(문학과지성사) 출간.
- 부산일보 신춘문예(황외순), 가람시조문학상(이지엽, 정희경), 이호우·이영도시조문학상(정해송, 심석정) 심사위원이 됨.
- 『서정과 현실』18, 19호를 펴냄.

2013
- 부산일보 시론 집필위원이 됨.
- 경남신문 신춘문예(김주경) 심사위원이 됨.
- 시조집『주민등록증』(고요아침), 시조선집『어쩌면 이것들은』(시인생각),『이우걸 시조 전집』(태학사),『이우걸 시조 연구』(엄경희 엮음, 태학사) 출간.
- 『서정과 현실』20, 21호를 펴냄.

2014
- 자랑스러운 세종인상 수상.
- 경상일보 신춘문예(곽길선), 부산일보 신춘문예, 가람시조문학상(박기섭) 및 신인상(김남규) 심사위원이 됨.
- 『한국시조시인협회 50년사』발간.
- 국제신문 '아침숲길' 집필.
- 『서정과 현실』22, 23호를 펴냄.

2015
- 제1회 백수문학상 수상.
- 단시조집『아직도 거기 있다』(서정시학) 출간.
- 동아일보 신춘문예(김범렬), 부산일보 신춘문예(장계원), 가람시조문학상(서일옥) 및 신인상(한분옥) 심사위원이 됨.
- 국제신문 '아침숲길' 집필.
- 『서정과 현실』24, 25호를 펴냄.
- 화엄사에 시비「화엄사」가 세워짐.

2016
- 이우걸문학관 개관.
- 동아일보 신춘문예(정지윤), 부산일보 신춘문예(김연희), 이호우

|      | |
|---|---|
|      | · 이영도문학상(전연희) 및 신인상(이화우, 성국희), 노산시조문학상(유재영) 심사위원이 됨.<br>• 학교법인 세종학숙 이사장으로 취임함.<br>•『이우걸대표작품선집』(도서출판 경남), 시조선집『처음에는 당신이 나의 소금인 줄 알았습니다』(도서출판 창연) 출간.<br>•『서정과 현실』 26, 27호를 펴냄.<br>• 경북 청도에 시비「팽이」가 세워짐.<br>• 월간『시와 표현』 9월호 표지 인물로 선정되어 특집이 실림.<br>•『월간문학』 12월호에 '이 시대의 창작의 산실' 특집으로 실림.<br>• 한국시조시학회 동계학술대회에서 '이우걸 연구'를 주제로 학술발표대회가 개최됨. |
| 2017 | • 한국시낭송문학상 수상.<br>• 동아일보 신춘문예(정진희), 국제신문 신춘문예(김장배) 심사위원이 됨.<br>• 제2대 노산시조문학상 운영위원장이 됨.<br>•『한국시조시학』 6호에 고은희, 김민서, 이경철, 이순희의 논문이 게재됨.<br>• 유순덕이 한국시조학회 연구지『시조학논총』 46집에 논문「이우걸 시조에 대한 고찰」을 발표하고, 우은진이 배달말학회 연구지『배달말』 60집에「이우걸 시조에 나타난 현실인식과 존재론적 성찰」을 발표함.<br>•『서정과 현실』 28, 29호를 펴냄.<br>• 제1회 이우걸문학관 시조낭송대회 개최.<br>•『문학청춘』 가을호에 화보 및 집중 특집으로 소개됨.<br>• 진주화요문학회, 마산예총제에서 특강함.<br>• 서울시 주최, 한국문협 주관 '시가 있는 카페'에 초대되어 '단시의 마력'이란 제목으로 특강을 함. |
| 2018 | • 동아일보 신춘문예(신준희), 국제신문 신춘문예(박경희) 심사위원 |

이 됨.
- 연구서 『이우걸 시조 세계』(박정선 편, 태학사), 시조집 『모자』(시인동네) 출간.
- 제2회 우포시조문학축제 개최, 설과 추석에 '커피 볶는 집'(부곡)에서 시화전 개최.
- 마산문학관 주최「원로예술인 소장품 전시」에 참여.
- 제6회 마산문학상 수상.
- 신상조의「길 잃은 시학」(『문학선』 가을호), 이승하의「이우걸의 시조세계는 어떻게 형성되었는가」(『열린시학』 가을호), 김남규의「존재 저편으로 대답하기 위해 질문하는 시인」(『시인동네』 12월호)이 발표됨.
- 『시조정신』(2월호) 기획특집 글로「현대시조 발전을 위한 몇 가지 과제」발표.
- 『마산문학』 특집으로 시조 15편 발표.
- 『서정과 현실』 30, 31호를 펴냄.

2019
- 동아일보 신춘문예(강대선) 심사위원이 됨.
- 부산일보(10월 9일) '윤현주의 맛있는 인터뷰'(20면)에 전면 소개됨.
- 시조 해설집 『현대시조 산책』(시인동네) 출간.
- 『현대시학』 592호에 여는 글(권두언)을 씀.
- 『서정과 현실』 32, 33호를 펴냄.

2020
- 동아일보 신춘문예(정인숙), 경남신문 신춘문예(김하정) 심사위원이 됨.
- 동아일보(9월 19일) '나민애의 시가 깃든 삶'에 작품「아침 식탁」이 소개됨.
- 부산일보(10월 14일) '오늘을 여는 시'(김종미 집필)에 작품「잎들」이 소개됨.
- 『서정과 현실』 34, 35호를 펴냄.

| 2021 | • 동아일보 신춘문예(이윤훈), 부산일보 신춘문예(최정희) 심사위원이 됨.
• 구지가문학상 초대 운영위원장으로 취임함.
• 산문집(평론)『풍경의 해석』(동학사) 출간.
•『서정과 현실』36, 37호를 펴냄.
• 곽효환 교수가「이우걸 시조에 나타난 자연 연구」를『한국시학연구』66호에 발표함. |
|---|---|
| 2022 | • 동아일보 신춘문예(김성애), 부산일보 신춘문예(전영임) 심사위원이 됨.
• 유심작품상, 외솔시조문학상 수상.
• 매일경제(4월 25일) '시가 있는 일요일'(허연 기자)에 작품「발견」이 소개됨.
• 유튜브 채널 '시조튜브'에 출연하여 '시조를 말한다' 특강을 함.
• 중앙일보(8월 29일)에 초대시조로「잎들」이 소개됨.
• 우포시조문학관 세미나실에서 열린 '곽효환 시인 초청 시조 문학 강연회'에서「이우걸 시조에 나타난 자연 연구」발표함.
•『서정과 현실』38, 39호를 펴냄. |
| 2023 | • 동아일보 신춘문예(김미경), 부산일보 신춘문예(김원화) 심사위원이 됨.
• 시조집『이명』(시작시인선) 출간.
• 중앙선데이(3월 4일)에『이명』이 소개됨.
• 경남신문(2월 16일) 기획특집 기사 '경남 예술인을 담다(3)'에 소개됨.
• 매일경제(2월 20일) '시가 있는 월요일'에 작품「기억의 향기」가 소개됨.
• 여주시에서 간행하는 잡지『여주사람을 품다』에「봄비」가 권두시로 실림.
• 우포문학관 주최로 열린 문학 강연회(9월 22일)에 정미숙 평론가 |

가 「이우걸, 감각의 현상학」을 발표함.
- 『가히』 가을호에 산문 「만년의 양식」 발표.
- 『서정과현실』 40, 41호를 펴냄.
- 이형우 교수의 논문 「편장자구법으로 보는 이우걸의 시작법」이 『국제언어문학』(2023년 겨울호)에 게재됨.

2024
- 동아일보 신춘문예(고은산), 부산일보 신춘문예(이혜숙) 심사위원이 됨.
- 경남일보에 신년시 발표.
- 『시와 함께』에 시조 계간 평 발표.
- 외솔학술세미나에서 「외솔 시조에 나타나는 자기 확신과 현실 인식」 발표.
- 노산문학상(정경화) 심사위원장이 됨.
- 시선집 『비누』(창연출판사) 출간.
- 서울 혜화동 '예술가의 집'에서 대표시선집 『사인행』(문학저널) 출간 기념 세미나(12월 13일) 개최.
- 『서정과 현실』 41, 42호를 펴냄.
- '시조튜브'에 출연하여 10회에 걸쳐 시조 창작 특강을 함.

# 이우걸 작품 연보

1973년   2월,『현대시학』[시조]「이슬」외(推).
           5월,『현대시학』[시조]「편지」외(推).
           10월,『현대시학』[시조]「桃李園周邊」외(推).
           11월,『현대시학』「推薦完了所感」
1974년   4월,『현대시학』[시조]「訪問」
1975년   1월,『현대시학』[시조]「雅歌Ⅰ」,「四更」,「遭難」
           4월,『현대시학』[산문]「期待와 不安」
           5월,『현대시학』[문제작 문제점]「詩를 읽는 기쁨」
           6월,『현대시학』[문제작 문제점]「反證·其他」
           8월,『현대시학』[시조]「파도」,「베틀歌」,「草家」
1976년   8월,『현대시학』[문제작 문제점]「感性의 知的 統制」
           9월,『현대시학』[문제작 문제점]「戀歌와 生活詩」
1977년   4월,『현대시학』[시조]「겨울 神經痛」,「그림자」,「南海야 南海야」,「某月某日」
           8월,『시문학』[시조]「꽃」
           9월,『현대시학』[문제작 문제점]「韻律의 魔性」
           10월,『현대시학』[문제작 문제점]「格調」
           11월,『현대시학』[문제작 문제점]「빛과 어둠의 싸움」
1978년   5월,『현대시학』[시조]「祭日」
           9월,『현대시학』[특집]「中年의 女人처럼」
           10월,『현대시학』[문제작 문제점]「말의 비밀」
           11월,『현대시학』[문제작 문제점]「辭說時調 其他」
           12월,『현대시학』[문제작 문제점]「小市民意識 其他」

1979년  2월,『현대시학』[시조]「어쩌면 이것들은」
       5월,『현대시학』[소시집]「寒露附近」,「낙화」,「어쩌면 이것들은」,「해 질 무렵」,「제비」,「겨울정원」,「봄비」,「은행나무」,「코스모스」,「빈 배에 앉아」
       9월,『현대시학』[시조]「內性的인 戰爭」
1980년  4월,『현대시학』[시조]「發見」
       9월,『현대시학』[산문]「艸丁의 現住所」
       10월,『현대시학』[문제작 문제점]「體驗」
       11월,『현대시학』[문제작 문제점]「觀點의 차이」
       12월,『현대시학』[시조]「椅子」
1981년  1월,『현대시학』[신작특집]「가을 入口」,「피리」,「江가 밭에서」,「寓話」,「不滿」
       7월,『현대시학』[문제작 문제점]「두 詩人의 거리」
       10월,『현대시학』[시조]「가을언덕」
       12월,『현대시학』[시조]「뮤즈에게」,「언덕」,「서민APT」,「가을비」,「별」,「盞」,「섬」,「비(雨)」
1982년  6월,『현대시학』[문제작 문제점]「두 女流・其他」
       7월,『현대시학』[시조]「詩人의 길」
       8월,『현대시학』[문제작 문제점]「徐伐을 위한 NOTE・其他」
       11월,『현대시학』[산문]「鄕土意識과 그 갈등」
1983년  2월,『현대문학』[시]「저녁 이미지」,「편지」
       10월,『현대시학』[시조]「가을편지」
1984년  1월,『시문학』[83년을 청산하는 총평]「자기 성찰과 개성(시조)」
       2월,『시문학』[이달의 논단]「높은 목소리와 낮은 목소리」
       9월,『현대문학』[시]「하수구」
1985년  7월,『현대문학』[수필]「창」
1986년  3월,『현대시학』[시조・70년대-1]「박시교의『겨울江』」
       3월,『현대문학』[새봄을 맞이한다-특집]「편지 한 통」

4월, 『현대시학』 [시조·70년대-2] 「유재영의 『月浦里 散調』」
5월, 『현대시학』 [시조·70년대-3] 「서우승의 『카메라 探訪』」
6월, 『현대시학』 [시조·70년대-4] 「한분순의 『室內樂을 위한 主題』」
7월, 『현대시학』 [시조·70년대-5] 「현대시조에 나타난 강의 모습」
8월, 『현대시학』 [시조·70년대-6] 「임종찬의 『못자리』」
9월, 『현대시학』 [시조·70년대-7] 「현대시조의 역사의식」
10월, 『현대시학』 [시조·70년대-8] 「김원각의 단수들」
10월, 『시문학』 [이달의 시] 「개성의 극대화」
11월, 『현대시학』 [시조·70년대-9] 「鄭時雲의 『사막의 배』」
12월, 『현대시학』 [시조·70년대-10] 「황진이와 달」
1987년 1월, 『현대시학』 [시조·70년대-11] 「김상묵의 사설시조」
2월, 『현대시학』 [시조·70년대-12] 「박영교의 『故鄕』」
2월, 『시문학』 [특집-이달의 중진 시인들] 「길」
3월, 『현대시학』 [시조·70년대-13] 「유제하의 『變調』」
4월, 『현대시학』 [시조·70년대-終] 「김영제의 『탁본』」
4월, 『현대문학』 [시] 「농부 Ⅰ」
9월, 『현대시학』 [산문] 「섬, 혹은 소외와 그 극복」
10월, 『현대문학』 [시조-이달의 화제] 「감정의 지적 통제」
11월, 『현대시학』 [시조] 「房 1」, 「房 2」, 「房 3」
11월, 『현대문학』 [시조-이달의 화제] 「경험의 시적 변용」
12월, 『현대시학』 [시조] 이달의 소시집 「잔-박물관에서」, 「눈」, 「주발의 비」, 「목련꽃」, 「비누」, 「우리나라」, 「항구」, 「손·1」, 「雅歌」, 「손·2」, 「사랑가」, 「바다」
12월, 『현대문학』 [시조-이달의 화제] 「위기갈등의 극복」
1988년 7월, 『현대문학』 [시] 「노을」, 「여름」
9월, 『시문학』 [이달의 문제작가] 「삶의 해석(시조)」
10월, 『시문학』 [이달의 문제작가] 「대상의 인식(시조)」
11월, 『시문학』 [이달의 문제작가] 「현실인식과 서정성(시조)」

12월,『시문학』[이달의 문제작가]「반문명의 노래들(시조)」
12월,『현대시학』[이 달의 이 작품을 말한다]「시의 張力과 긴장 - 박기섭『隆冬의 詩』」

1989년 1월,『현대시학』[이 달의 이 작품을 말한다]「유재영의『광장의 사나이』」
1월,『시문학』[오늘의 시론]「향토의식과 그 갈등 - 60년대 시조시인들의 작품세계」
3월,『현대문학』[시]「日記」,「詩」
7월,『현대문학』[시조-이 달의 화제]「상상력」
8월,『현대문학』[시조-이 달의 화제]「극기와 개성」
9월,『현대문학』[시조-이 달의 화제]「見者의 꿈」

1990년 7월,『현대문학』[시]「어머니」,「소금」
1991년 6월,『현대문학』[시]「나이테를 바라보며」,「청산이발소 김 씨」
1992년 4월,『현대문학』[시조-이 달의 화제]「개성」
4월,『시문학』[새책 김복근 시조집]「비상을 위하여」
5월,『현대문학』[시조-이 달의 화제]「진솔함의 힘」
6월,『현대문학』[시조-이 달의 화제]「병든 시대에 대한 반성적 질문」
8월,『시문학』[이달의 문제점]「풍요한 서정의 세계와 방향 - 시조」
9월,『시문학』[이달의 문제점]「미로의식 - 시조」
10월,『시문학』[이달의 문제점]「가슴으로 쓰는 시 - 시조」

1993년 1월,『현대문학』[상호 인물 평]「여운이 있는 신사 유재영」
3월,『현대문학』[시]「시계」,「연필화 - K에게」
3월,『시문학』[시조]「변기」,「신발」,「안개」,「지상의 밤」,「사전을 뒤적이며 - 유재영 형에게」
12월,『문학사상』[시조]「편지」,「지리산·3 - 달」

1994년 10월,『현대문학』[이 달의 화제]「불의 흔적」기타
11월,『현대문학』[이 달의 화제]「이미지」
12월,『현대문학』[시조-이 달의 화제]「현실인식과 극복」

| | |
|---|---|
| 1995년 | 1월, 『현대시학』 [시조] 「징조」, 「과일」 |
| | 1월, 『문학사상』 [시조] 「나사」, 「부곡형님」 |
| | 1월, 『한국시조』 [시조] 「나사·2」 |
| | 2월, 『현대시학』 [시 속의 행간 읽기] 「박기섭의 『저문 강』」 |
| | 상반기호. 『시조시학』 [시조] 「유천역」, 「해금시인 12인집을 읽으며」, 「넥타이」, 「비망록·3」, 「구름의 변」, 「달맞이꽃」, 「국화꽃이 피어서」, 「돌」, 「조간신문」, 「잔」, 「책의 죽음」 |
| | 7월, 『열린시』 [시조] 「도서관에서」, 「백지」 |
| | 11월, 『시문학』 [이달의 쟁점] 「단수의 매력(시조)」 |
| | 12월, 『시문학』 [이달의 쟁점] 「정제미와 현실인식(시조)」 |
| 1996년 | 2월, 『문학사상』 [시조] 「잎」, 「실상사」 |
| | 12월, 『월간조선』 [시조] 「언어학 개론」, 「노을」 |
| 1997년 | 7월, 『문학사상』 [시조] 「노래」, 「피아노」 |
| | 7월, 『열린시』 [시조] 「기러기」, 「삼랑진 강둑에서」, 「가야산」, 「출근」 |
| 1998년 | 1월, 『시문학』 [이달의 쟁점] 「출구없는 시대의 노래(시조)」 |
| | 2월, 『시문학』 [새연재 - 시조시인] 「영원을 꿈꾸는 물의 나라 – 박권숙론」 |
| | 6월, 『시문학』 [젊은 시조 시인론] 「볼트와 너트 혹은 존재론적 회의 – 김복근론」 |
| | 8월, 『시문학』 [젊은 시조 시인론] 「불안한 삼각형의 시학 – 이지엽론」 |
| | 12월, 『시문학』 [젊은 시조 시인론] 「정겨운 생물도감 – 홍성란론」 |
| 1999년 | 봄호. 『다층』 [시조] 「피」 |
| | 2월, 『문학사상』 [시조] 「대」 |
| | 3~4월, 『정신과 표현』 [시조] 「석간」, 「두포리 서신」 |
| | 여름호. 『경남문학』 [시조] 「버들리·1」, 「버들리·2」, 「버들리·3」 |
| | 여름호. 『유심』 [시조] 「성묘」 |
| 2000년 | 4월, 『문학사상』 [시조] 「모자」 |
| 2001년 | 6월, 『문학사상』 [시조] 「전화」 |

2003년　4월,『문학사상』[시조]「손톱」
　　　　겨울호.『열린시학』[시조]「노리·1」
2004년　3월,『문학사상』[시조]「링」
　　　　하반기호.『시조월드』[시조]「유운연화문」
2005년　봄호.『시와 시학』[시조]「진해역」
　　　　8월,『문학사상』[시조]「열쇠」
　　　　겨울호.『작가41』[시조]「웃음」,「시」,「낮달처럼」
2006년　8월,『현대시학』[시조]「월평을 읽으며」,「조화」
　　　　겨울호.『시와 사람』[시조]「모교에서」
2007년　4월,『문학사상』[시조]「부록 부록 같은」,「가족」
　　　　8월,『현대시학』[시조]「새벽」,「휴대폰」
　　　　가을호.『시안』[시조]「잔나비」외 4편
　　　　겨울호.『시와 사람』[시조]「모교에서」
2008년　7월,『현대시학』[시조]「옷」,「오월 맑음」
　　　　여름호.『유심』[시조]「덕유교육원」
2009년　4월,『현대시학』[새 시집 읽기]「이우걸 시집『나를 운반해 온 시간의 발자국이여』」
　　　　가을호.『시조시학』[시조-시인연구]「세계는 갑자기」,「물」,「열쇠」,「우리 누나」,「이름」,「봄비」,「밤에 쓰는 시」,「흉터」,「피아노」,「피」,「낡은 비유지만」,「성묘」
　　　　가을호.『시선』[시조]「비」
2010년　1~2월,『유심』[시조-이우걸 특집]「프로필」,「낮술」,「아직도 우리 주위엔 직선이 대세다」,「사무실」
　　　　봄호.『문학청춘』[시조]「눈은 내리는데」,「반도 호텔 안내도」,「구두에게」,「삼랑진 역」,「부곡온천」
　　　　봄호.『시와 시학』[시조]「징」,「상처」
　　　　3월,『우리시』[시조]「감정」,「장독」
　　　　여름호.『문학들』[시조]「연필」,「손」

　　　　　가을호, 『한국시조』 [시조] 「화엄사」
　　　　　11월, 『현대시학』 [시조-신작소시집 · 새롭게 연다] 「이명」, 「반도빌
　　　　　　　딩 안내도」, 「구두에게」, 「눈은 내리는데」, 「굽」
　　　　　겨울호, 『동리목월』 [시조] 「자가용」
　　　　　겨울호, 『시선』 [시조] 「안부」, 「환승역」
2011년　1월, 『현대시학』 [산문] 「특별한 인연」
　　　　　봄호, 『시와 시』 [시조] 「창」, 「코스모스」
　　　　　봄호, 『21세기문학』 [시조] 「도서관」, 「틈」
　　　　　4월, 『월간문학』 [시조] 「내가방 속에는」
　　　　　5~6월, 『유심』 [시조] 「이메일」
　　　　　6월, 『문학사상』 [시조] 「어머니」
2012년　1월, 『현대시학』 [시조] 「구두」, 「염색」
　　　　　4월, 『현대시학』 [시조] 「밥」, 「시계」
　　　　　5~6월, 『유심』 [시조] 「우울한 캘린더」
　　　　　여름호, 『시안』 [시조] 「틀니」
　　　　　여름호, 『문학선』 [시조] 「서랍」, 「커피에게」
　　　　　『가람문학』 [시조] 「교각위에 피어있는 네 송이 들꽃을 보며」
　　　　　9월, 『문학사상』 [시조] 「키스」
　　　　　가을호, 『시조시학』 [시조] 「어머니」, 「안경」, 「이명」, 「눈은 내리는
　　　　　　　데」, 「삼랑진 역」
　　　　　하반기호, 『시조 21』 [시조] 「브라운관의 미녀들」
　　　　　21호, 『개화』 [시조] 「시작詩作」
　　　　　하반기호, 『화중련』 [시조-시인탐구] 「사막」, 「비」, 「팽이」, 「표충사
　　　　　　　청동함 은향완」, 「소금」, 「이름」, 「안경」
2013　　1월, 『현대시학』 [시조] 신작소시집 「만년필」, 「혈연」, 「주민등록증」,
　　　　　　　「관계」, 「동백꽃」, 시인의 詩話-어머니 시론
　　　　　1월, 『유심』 [시조] 「박재삼 문학관」
　　　　　봄호, 『시와소금』 [시조] 「전기 다리미」, 「밀양역」

|        | |
|--------|---|
|        | 3월, 『유심』 [시조] 「잎」 |
|        | 여름호. 『계절문학』 [시조] 「카페 피렌체」 |
| 2014년 | 여름호. 『불교문예』 [시조] 「밝은 봄날」 |
|        | 7월, 『현대시학』 [시조] 「묵언 시집-김춘수」 |
|        | 8월, 『유심』 [시조] 「이명·2」 |
|        | 하반기호. 『시조매거진』 [시조] 「카카오톡·1」 |
| 2015년 | 봄호. 『열린시학』 [시조] 「길」, 「동백」, 「그늘」, 「폐원에서」, 「부음」 |
|        | 봄호. 『문학청춘』 [시조] 「모닝 커피」, 「첫사랑」 |
|        | 3월, 『유심』 [시조] 「시작」 |
|        | 봄호. 『경남문학』 [시조] 「휴대폰」 |
|        | 8월, 『유심』 [산문] 「나의 삶, 나의 문학」 |
|        | 가을호. 『작가와사회』 [시조] 「산이 고맙고」, 「정거장」 |
|        | 가을호. 『좋은시조』 [시조] 「아직도 거기 있다」, 「위양못」 |
|        | 10월, 『월간문학』 [시조] 「바퀴는 돌면서」 |
|        | 11월, 『유심』 [시조] 「품」 |
| 2016년 | 3월, 『시와표현』 [시조] 「문자 메시지」 |
|        | 3월, 『열린시학』 [산문] 「천사의 귀천을 눈물로 전송하며」 |
|        | 봄호. 『경남문학』 [시조] 「지환」, [산문] 「나의 처녀작 「지환」」 |
|        | 여름호. 『애지』 [시조] 「서울역 엘레지」, 「보름달」 |
|        | 여름호. 『계간문예』 [시조] 「길」 |
|        | 9월, 『시와표현』 [시조] 「시집」, 「11월」, 「만년필」, 「그늘」, 「품」, 「마지막 기도」 |
|        | 12월, 『시와표현』 (표현하는 사람들_송년특집) 시집 |
|        | 겨울호. 『경남문학』 [시조] 「북천역」 |
|        | 겨울호. 『신생』 [시조] 「숙제」, 「겨울미사」 |
|        | 12월, 『월간문학』 [시조] 「사무실」, 「넥타이」, 「안경」 |
| 2017년 | 봄호. 『좋은시조』 [시조] 「추석」, 「오후」 |
|        | 4월, 『시와표현』 [시조] 「등」 |

여름호.『경남문학』[시조]「골목길」

여름호.『시작』[시조]「눈물」,「침대」

여름호.『시와정신』[시조]「우포 이야기·1-질경이」,「우포 이야기·2-배」

7월,『현대시학』[시조]「묵언 시집-김춘수」

하반기.『시작』[시조]「명가네 닭갈비집」

8월,『시인동네』[시조]「카페 피렌체에서」

가을호.『시와문화』[시조]「우포 이야기·3-클로버」,「우포 이야기·4-가시연꽃」

가을호.『문학청춘』[시조]「튤립」,「단풍잎」,「눈과 귀」

10월,『월간문학』(시가있는카페)「단시의 마력」

9~10월,『현대시학』[시조]「장사익」,「국수」

2018년 봄호.『정형시학』[시조]「프라하 공항」,「배-반구대 암각화」,「변기·2」,「내 전집을 읽으며」,「아침 식탁」,「휴대폰」,「장사익」,「국수처럼」,「팔판마을」,「덕봉서원」(산문) 나의시작 나의시론-모기만한 소리라도 휴머니즘 추구

봄호.『시와시학』[시조]「낙화유수-진해 여좌천에서」

봄호.『경남문학』[시조]「어둠을 연주하는 두 개의 에스키스-풍경·1」,「풍경·2」

봄호.『시조정신』[산문]「현대시조의 쟁점(1)-현대시조 발전을 위한 몇 가지 과제들」

3월,『시와표현』[시조]「물에 대하여」

3월,『창조문예』[시조]「시집」

상반기.『작은문학사』[시조]「스페인 기행」

6월,『월간문학』[시조]「줄 이야기」

8월,『시인동네』[시조]「모자」

가을호.『동리목월』[시조]「결혼」

12월,『시인동네』[시조]「껌」

|  | 겨울호, 『경남문학』 [시조] 「이별의 형식 - y에게」 |
|---|---|
| 2019년 | 1~2월, 『시와표현』 [시조] 「노을」 |
|  | 봄호, 『시와반시』 [시조] 「인연」 |
|  | 8월, 『경남시조』 [시조] 「못가에 앉아서」 |
|  | 하반기, 『경남문학관』 [시조] 「코스모스」 |
|  | 가을호, 『좋은시조』 [시조] 「강-오현 스님께」 |
|  | 가을호, 『경남문학』 [시조] 「자매들」 |
|  | 10월, 『공정한시인의사회』 [시조] 「열쇠」, 「라벨」, 「공감」, 「발견」, 「터미널 엘레지」 |
|  | 겨울호, 『정형시학』 [시조] 「가을 억새꽃들」 |
|  | 11~12월, 『현대시학』 [시조] 「별사」, [산문] 「(여는 글)현대시학 창간 50주년에 부쳐」 |
| 2020년 | 봄호, 『시와사상』 [시조] 「나무」, 「와이퍼 혹은 와이프」 |
|  | 봄호, 『시와문화』 [시조] 「연하장」, 「유리창」 |
|  | 봄호, 『좋은시조』 [시조] 「이명·2」, 「부록」 |
|  | 봄호, 『나래시조』 [시조] 「부록」 |
|  | 상반기, 『화중련』 [시조] 「초승달」, 「카페 피렌체에서」 |
|  | 여름호, 『시와표현』 [시조] 「흙을 위한 연가」, 「기억의 향기」 |
|  | 8월, 『경남시조』 [시조] 「인생」 |
|  | 가을호, 『시조 21』 [시조] 「낙치」, 「바람의 이유」 |
|  | 가을호, 『열린시학』 [시조] 「무게」, 「사계의 노래」, 「날개」, 「가을」, 「거울에게」 |
|  | 가을호, 『시와함께』 [시조] 「잎들」, 「인생」 |
|  | 가을호, 『경남문학』 [시조] 「양귀비꽃」 |
|  | 10월, 『개화』 [시조] 「낙엽」, 「치매」 |
|  | 겨울호, 『시와시학』 [시조] 「마스크」 |
| 2021년 | 여름호, 『다층』 [시조] 「벤치」, 「하류」 |
|  | 여름호, 『시조시학』 [시조] 「봄비·3」, 「노트북」, 「귀뚜라미 바다」, |

|         | 「물」, 「자화상」 |
|---|---|
|         | 9월, 『시작』 [시조] 「비밀」 |
|         | 겨울호, 『정형시학』 [시조] 「겨울 나무들」 |
|         | 겨울호, 『시와함께』 [시조] 「귀뚜라미 바다」 |
| 2022년 | 봄호, 『시조시학』 [시조] 「옷」, 「이명」 |
|         | 봄호, 『경남문학』 [시조] 「두 친구 이야기」 |
|         | 봄호, 『좋은시조』 [시조] 「국어사전」, 「카페라떼」 |
|         | 여름호, 『문학저널』 [시조] 「빗살무늬토기」 |
|         | 7월, 『현대문화』 [시조] 「안개비」 |
|         | 7월, 『상상인』 [시조] 「숲으로 된 성벽」 |
|         | 7월, 『월간문학』 [시조] 「거미」 |
|         | 가을호, 『정형시학』 [시조] 「눈사람」, 「어느 병원에서」 |
| 2023년 | 1월, 『공정한시인의사회』 [시조] 「귀」 |
|         | 봄호, 『시조 21』 [시조] 「맛」, 「청명」 |
|         | 봄호, 『가히』 [시조] 「낮달」 |
|         | 5월, 『쿨투라』 [시조] 「무게」 |
|         | 여름호, 『시와함께』 [시조] 「유월 제사」 |
|         | 여름호, 『문학저널』 [시조] 「유리창」, 「무게」, 「카페라떼」, 「흙을 위한 연가」, 「이명·3」, [산문] 「나의 삶 나의 문학」 |
|         | 여름호, 『시와반시』 [시조] 「화병이 있는 풍경」 |
|         | 8월, 『경남시조』 [시조] 「화병이 있는 풍경」 |
|         | 가을호, 『정형시학』 [시조] 「단란한 이사」 |
|         | 10월, 『개화』 [시조] 「절제에 대하여」 |
|         | 11월, 『가람시학』 [시조] 「손」 |
| 2024년 | 봄호, 『정형시학』 [시조] 「밤의 독서」, 「익명을 꿈꾸며」 |
|         | 봄호, 『시조 21』 [시조] 「방명록」, 「명함」 |
|         | 상반기호, 『한국시인』 [시조] 「나무의 언어」 |
|         | 가을호, 『시와사상』 [시조] 「잔」 |

가을호.『유심』[시조]「도서관 부부」,「이별을 위한 송가」,「수도 꼭지」
10월,『개화』[시조]「치세론」,「잔」
겨울호.『가히』[시조]「건기(乾期)의 우수」
겨울호.『좋은시조』[시조]「길」,「고인돌」,「가을 위양호」,「꽃」,「그믐」,「불」